¿Cómo amar la vida que tiene uno sin importar lo que suceda en ella?

¿Cómo amar la vida que tiene uno sin importar lo que suceda en ella?

María José Monteagudo

Número de Control de la Biblioteca del Congreso de EE. UU.:   2013920654
ISBN: Tapa Dura   978-1-4633-7338-2
                     Tapa Blanda   978-1-4633-7337-5
                     Libro Electrónico   978-1-4633-7336-8

Este libro fue impreso en los Estados Unidos de América.

Fecha de revisión: 19/11/2013

Para realizar pedidos de este libro, contacte con:
Palibrio LLC
1663 Liberty Drive
Suite 200
Bloomington, IN 47403
Gratis desde EE. UU. al 877.407.5847
Gratis desde México al 01.800.288.2243
Gratis desde España al 900.866.949
Desde otro país al +1.812.671.9757
Fax: 01.812.355.1576
ventas@palibrio.com
506891

ÍNDICE

Dedicatoria

Le quiero dedicar este libro a mi amada madre, que siempre ha sido un ejemplo de amor, cariño y compañía para mí, también se lo dedico a mi abuelita Esperanza que siempre estuvo apoyándome en escribir este libro, a mi hermana Dany que fue mi gran compañera de la niñez, a mi tía Maggie que me ha enseñado muchas cosas, a mis amigos, como Hugo y mara que siempre me apoyaron y me han apoyado a que logre mis sueños, también se lo dedico a todas las personas con enfermedades terminales, en pobreza, abandonadas, en orfanatos, asilos, con autismo, con capacidades diferentes y que viven en la calle para que tengan un futuro lleno de esperanza y logren sus sueños y por último se lo dedico a Dios mi padre amoroso que me ha ayudado y guiado toda mi vida.

PRÓLOGO

A lo largo de mi vida he aprendido muchas cosas y ahora vengo a compartir algunas de las cosas que aprendí y algunos consejos de grandes sabios.

He aprendido que la vida que tú tienes depende de la actitud que tú le pones a tu vida, también he aprendido que vale más una acción que mil palabras, porque uno puede decir mil cosas y nunca hacer nada, y eso no cambia nada. La vida es una aventura llena de caídas y de subidas, pero he aprendido que si uno no cae uno no puede subir, por ello me doy cuenta de que cada caída que tengo es solo una oportunidad más para mejorar mi vida.

Voy a contarles una experiencia personal que cambio mi vida. Cuando tenía 12 años yo quería irme de viaje a Inglaterra y no me seleccionaron para ir, pero a mi hermana si, al principio yo me sentía muy triste y decepcionada y luego me doy cuenta que el estar en México estas dos semanas sin mi hermana me cambio mi vida, me cambio a mí misma y ahora agradezco a Dios que me haya pasado esto, pues aprendí que todo es para algo bueno y que muchas veces lo que es mejor para uno es lo que creemos que es lo peor para uno.

Cuando me paso esto empecé a ver la vida de otra manera y me di cuenta de que lo más importante es nuestro interior y no nuestro exterior, también aprendí que la felicidad de cada quien depende de uno, pues cada quien tiene la capacidad de ser feliz si uno lo decide ser.

Empecé a hacer cosas diferentes de las que hacía antes y me di cuenta de que si quería obtener una respuesta diferente de los demás o cosas diferentes de los demás yo tenía que hacer cosas diferentes, pues me di cuenta de que si haces lo mismo obtienes lo mismo, pero si haces algo diferente obtienes cosas diferentes.

Cuando me sucedió esto empecé a ver al mundo y a la gente como algo bello y hermoso, pues me di cuenta de que la perspectiva que

Yo tenía sobre el mundo y sobre la gente era lo que realmente yo tenía en mi interior, entonces cuando llene mi corazón y mi mente de cosas positivas ahí fue cuando empecé a ver el mundo como un lugar bello y hermoso, el cual no tiene nada de malo, y cuando empecé a amarme empecé a ver al mundo como un lugar amoroso y así empecé a recibir amor, entonces me di cuenta de que si yo no me amaba yo no podía amar a alguien más, ni podía ser amada, entonces cuando me ame fue cuando me empecé a sentir amada y cuando empecé a amar a mucha gente, y mediante me amaba más llegaba a amar a más gente.

Te invito a que cuando leas este libro mantengas tu mente bien abierta, pues no importa lo que contenga este libro si tu mente está cerrada.

Quiero que sepas que abran consejos en este libro que no te gustaran y abran consejos que te encantaran, pues todo depende de nuestra perspectiva de las cosas.

Bueno que no se diga más es tu turno de empezar esta aventura de cambio.

Amor

¿Qué es el amor?

Es un sentimiento que se trata de pensar lo mejor para la otra persona, sin que te de algo a cambio o sin que la otra persona te amé.

Pero más que eso es una experiencia de vida maravillosa, pues realmente por amor fuimos creados. El amor no es solo disfrutar, sino es disfrutar y sufrir, pues ambas son experiencias naturales de la vida, pero no sufrimos nada más porque si al amar, sino sufrimos para hacer un cambio, para ayudar y mejorar la vida de la otra persona.

Al amor no lo podemos dejar en nuestro corazón nada más, pues no tendría sentido tener amor, al amor hay que ponerlo en acción, y la manera de ponerlo en acción es sirviendo a los demás.

El amor nunca va a conocer el final, pues el amor es vida y lo que quiero decir es que solo el que ama puede vivir de verdad.

El verdadero amor es aquel que se preocupa por ayudar al otro a que sea quien es, y no a cambiarlo, pues este lo ama tal y como es y esta.

Si amas sin límites, serás feliz sin límites, esto quiere decir que si amas a todo tipo de personas, podrás ser feliz en todo tipo de situaciones.

Amar es amar sin reglas sin prejuicios, por solo lo que son esas personas y les deseamos lo mejor siempre sin que nos beneficie.

"El amor es un fruto que madura en todas las estaciones del año y que se encuentra al alcance de todas las manos". Madre Teresa de Calcuta.

El amor es universal y solo ama el que se olvida de la apariencia física del otro, pues sino no estamos amando.

Es obvio que al desear lo mejor para la otra persona tendamos a sufrir, pero si nos pasa eso es que aún no es amor y que no vale la pena sufrir tanto, solo hay que sufrir para hacer cambios y no para que nosotros recibamos.

Un ejemplo de amor es: el papá y el hijo pues ambos quieren lo mejor para el otro. El padre ama al hijo cuando le enseña o lo corrige y cuando lo apoya.

Amar también es soltar, solo el que ama confía, solo el que ama es fuerte. Al decir soltar es dejar a la otra persona que sea quien quiera ser y no decidirle que hacer en su vida, pues si la otra persona es feliz haciendo algo hay que dejarlo hacer eso.

El amor es libertad.

"No podemos hacer grandes cosas, pero si muchas cosas pequeñas con un gran amor". Madre Teresa de Calcuta.

Amar es apoyar al otro a que logre sus sueños y a enseñar le que es maravilloso tal y como es.

Amar es mejorar y por amor podemos lograr todo.

El que ama vive como Dios quiere que vivamos, como hombres, pues solo el hombre tiene la capacidad de amar.

Amar es amar a todos lo que hay, pero sin favoritismos, lo que quiero decir con esto es sin decir: "a ti te amo más".

Dense cuenta que si aman mucho y los aman de verdad a quienes aman podrán hacer cualquier cosa por ellos de corazón y así cuando se mueran te podrás sentir satisfecho de que siempre estuviste a su lado y de que no lo necesitas pues sabes que lo mejor para esa persona es morir.

El amor nunca termina, pues es algo maravilloso. Demuestra tu amor enseñándole a los que amas con actos y no con palabras, pues con palabras podemos mentir pero con actos no, pues no hacemos cosas falsas sino solo verdaderas.

Hay tres acontecimientos importantes en el amor: el primero es decirle que siempre lo vas a poder apoyar y que siempre estarás a su lado y que lo admiras, el segundo es decirle que él puede lograr cualquier cosa, que él puede lograr lo que quiera por el mismo y el tercero es apoyar a la otra persona a que logre sus sueños y sus metas.

Todo lo que puedas hacer para beneficiarlos hazlo. Amar es lo mejor. Para amar hay que aprender a amarse a uno mismo antes que a los demás.

Amar es entender, comprender, transformar, estar en las buenas y malas e interesarse desinteresadamente. Solo si amas podrás vivir de verdad, ya que si nacemos por amor entonces vivimos con amor y somos amor.

El amor es todo lo que hay, el odio es un amor que no se deja llevar. El contrario de amar no es odiar y eso es algo que mucha gente confunde, más bien su contario es el miedo.

¿DE QUÉ TENEMOS MIEDO?

De amar, de que nos vaya a pasar algo si amamos o de que vayamos a dejar de ser quienes somos si amamos y nos comprometernos. No se dan cuenta que al amar si cambian pero no dejan de ser ustedes al contrario empiezan a ser ustedes mismos.

Mucha gente dice:" Es que lo odio, pues mira todo lo que hace". La verdad es que lo que dice la gente no es cierto, pues bien como se dice: "del odio al amor hay solo un paso", y de hecho es cierto.

Lo que pasa con esto es que ambos son amor, solo que uno ama con miedo pues tiene miedo a que lo critiquen por amar a determinada persona, a que lo deshereden o porque le ve algo que esa misma persona no tiene y hubiera querido tener y ahí es cuando tiende a decir que odia y el otro puede que ame a la otra persona fuertemente.

Amar es soñar, pero no es soñar en nuestros sueños propios o por cosas propias, sino es soñar en los sueños del otro y soñar para que los sueños del otro sucedan y es algo soñador vivo maravilloso.

El amor no tiene que ver con la edad, sino tiene que ver con el corazón así que tengas la edad que tengas tu puedes amar.

Solo el que ama ayuda de verdad. El amor es como el botón de no en nuestra vida pues sin él no puedes servir una máquina y con nosotros sin el no uno no puede vivir ni servir de verdad.

Aprender a amar de verdad, olvidándote si la otra persona te va a dar algo, solo preocúpate por su bien.

¿REALMENTE ESTÁS AMANDO?

Mucha gente cree que esta amando cuando realmente solo está queriendo.

Solo el que ama ayuda de verdad, pues solo el que te está amando te da libertad y te deja ser tú mismo, te deja que aprendas tus propias hazañas, te deja que disfrutes de lo que te da la vida, pues si la vida te da amor, esta persona te deja amar, te da solo las herramientas y los consejos de la vida.

Mucha gente dice: "Ay amo a tal persona, es que es tan guapo, míralo". No tu no estas amando a esa persona, estas deseando y te sientes atraída(o) por su físico, entonces no estas amando a esa persona, sino estas amando lo que ves cuando ves a esa persona.

Hay dos tipos de amor: el amor verdadero y el amor no verdadero o mejor dicho querer.

El amor real es cuando uno ama a la otra persona sin recibir nada a cambio, es cuando uno no puede olvidar a la otra persona y cuando uno el ama por lo que es y por lo que hace.

El amor no real o el querer no es un amor real y es cuando uno solo quiere a la otra persona, ya sea por su físico o por su persona, pues uno no puede amar por el físico.

¿Cuál es la diferencia entre querer y amar?

Querer es ayudar pero esperando recibir algo a cambio pues es un estado sentimental interesado, es darle importancia a algo o a alguien por que vamos a obtener algo a cambio.

Por ejemplo: el querer es cuando una chica se interesa en un chico porque sabe que el otro la quiere y le da cosas y sabe que el otro haría lo que fuera por ella, por lo tal ella le pide y se interesa en este.

El querer tiene fin, pues se puede olvidar después de haber querido al otro porque se sabe que ya no se va a obtener nada del otro. Pues el día que este chico se enamore de otra chica esta se olvidara del pues sabe que ya no le interesa a él por tal ya no recibirá nada de este.

Querer es como amar escondidamente. Querer es amar irrealmente por conveniencia y nos hace felices al principio pero no para toda la vida y al querer no estamos viviendo de verdad en nada.

Amar es darse todo, es ser uno mismo y es olvidarse si el otro nos ama o quiere también, pues solo busca los sueños del otro. Amar es vivir de verdad.

Si no tenemos un corazón lleno generoso y lleno de amor nunca podremos curar a una persona enferma de su soledad.

Por ejemplo: Una chica conoce a un chico y con el paso del tiempo ella se va dando cuenta de cómo es el chico entonces la chica se enamora de este, luego el chico se enamora de una chica y la primera chica se pone feliz porque el chico está feliz aunque no la ame a ella ni la pelea.

Pues ella solo quiere lo mejor para este y solo quiere que él esté feliz.

Como ya había dicho el que ama ayuda de verdad. Por ejemplo: un niño le pide a un amigo que le haga la tarea, el que lo quiere y le interesa que el otro lo siga estimando se la hace, pero el que lo ama y no le importa si su amigo se lo va a agradecer y también lo vaya a amar le explica y le dice lo que tiene que hacer con su tarea y además le dice los beneficios de hacer su tarea el mismo y solo y después lo va a dejar hacerla.

Ves la diferencia, así que es muy normal que te atraiga alguien físicamente, porque es algo que no podemos evitar, pero la diferencia es cuando amamos a nuestro novio, novia, esposo, esposa y vemos a alguien que nos atrae físicamente, lo dejamos ir, pues no se puede comparar el amor con el gusto físico.

Uno nunca se relaciona con la cara, pues la cara es como una película que nos podrá gustar mucho, pero nunca viviremos una película solo la vemos al igual que a una cara, nunca conoceremos una cara ni hablaremos con ella y esa es la diferencia entre atracción física o gusto y amor.

El amor hay que darlo a todos, pues el amor perdona y no tiene que conocer al otro para amarlo, pues lo ama por lo que es.

Si quieres hacer para lo que Dios te hizo, entonces ama de verdad.

Dios espera que tú levantes lo pesado. Puedes desear, soñar y tener esperanzas pero también es necesario que actúes para lograr tus metas, pues si no de nada sirve soñar y desear ni tener esperanzas, porque el autor de esos sueños eres tú, por lo tanto lógralos.

Nuestra felicidad viene de ese don que te da Dios y con el cual puedes ser feliz. Cuando encuentres algo que te atraiga y que no necesites que te paguen ahí será cuando encuentres el sentido de tu vida. Dios te dice tengo grandes planes para ti, no para dañarte aunque a veces pueda parecer, sino para darte un futuro y una esperanza.

Lo que suceda depende de ti, depende de ti si los demás te quieren, depende de ti si obtienes un buen trabajo, todo depende de ti y de la decisión de dios. Es posible que tropieces y la gente dude de ti.

Cuando encuentres tu verdadero propósito que te lo tiene guardado dios, llega la pasión y entonces toda tu vida se vuelca en él. La vida sin significado pierde toda esperanza en la vida, pues el propósito nos da esperanza pues todos venimos a este mundo por un propósito.

La verdadera felicidad proviene de la fidelidad a un propósito que valga la pena. Las mayores recompensas llegan cuando uno se entrega a sí mismo.

Tu felicidad se debe basar en objetivos, en metas y en sueños. El regalo más bonito es cumplir tu destino. Yo soy un milagro de dios pues soy maravilloso como soy y te digo algo tu igual eres maravilloso.

Los desastres nos unen. Dios sabe cuánto puede soportar nuestros corazones, así que él nunca te dará algo imposible de soportar, por muy doloroso que sea, en conclusión puedes soportar todo lo que te venga a la vida, vamos, tu puedes.

Ofrece amistad cuando te sientes solo, da amor cuando sientas que lo necesitas. Tu vida es ahora, en este momento y según así que actúa según las circunstancias del ahora. Pon tu atención en el día de hoy. Tienes el poder de escoger tus pensamientos y por tanto tus sentimientos, así que tú decides si te enojas o no.

Eres único y especial y más bello que las estrellas y flores.

La vida es un juego en el que tienes retos y metas y solo tú puedes lograrlas y conseguirlas.

Dios nos ama a todos y a cada uno pues, el solo ama porque sabe que valemos mucho y por qué sabe que somos bellos a nuestra manera.

Compartir la alegría de amar, es algo tan bello como amar, pues solo el que sabe amar, sabe compartí la alegría de amar, la alegría de decir que amas a alguien, por ser quien es.

Si solo tienes un cuerpo terrenal por que no disfrutarlo y quererlo tal y como esta.

Si solo tienes una vida para lograr todos tus sueños, todas tus metas, todas tus tareas, todos tus proyectos por que no disfrutarla, pero recuerda que solo tienes una vida terrenal pues también tienes una vida eterna en el cielo, pero en el cielo no vas a lograr tus metas, pues ya no tienes brazos, ni piernas ni cosas materiales.

Pues en el cielo, todo es santo. Toda la persona podemos ser santas, ya que dios nos ama y al final de nuestra vida seremos santos, pues alguien que no sea santo no puede entrar al reino de los cielos.

Pero no necesitas ni poderes, ni fuerzas especiales ni ser elegidos por Dios para ser santos, lo único que necesitas para lograr este fin es amar de verdad, cumplir con los diez mandamientos y con todo lo que nos comprometemos y seguir amando.

Cada quien tiene una misión diferente en la vida sin importar lo que haga en la vida, por eso el ratero tiene una misión con la que hará que al robar o mucha gente vea que está mal y no lo haga o tendrá una consecuencia que hará que cambie tanto en la vida y en su manera de ser y hacerse la mejor persona que pueda ser. Por eso hasta el más matón del mundo cumple una misión buena (escondida) al matar y hace algo bueno de una manera escondida.

Tú no te preocupes por ser la mejor persona, sino preocúpate por ser la mejor persona que tú puedes ser por tus habilidades y por lo que has vivido.

Toda la gente se debe de dar cuenta que tiene un proyecto para el cual fue creado.

Les voy a platicar una historia: había una vez un niño de 6 años de edad llamado Mark, Mark era un niño muy feliz, él tenía 2 hermanos. Él era muy sociable y en la escuela todos lo querían mucho.

Un día Mark deja de venir a la escuela, entonces después de un mes de que no ha venido les avisan a sus compañeros que este pequeño tiene cáncer. El chico luchó 2 años por su vida, primero se tuvo que ir a estados unidos, luego regreso y después le dijeron que ya tenía el cáncer hasta la médula espinal, entonces que lo iban a operar, entonces juntan el dinero suficiente para esta operación y unos días antes de esta le dice el doctor que ya no lo pueden operar pues el cáncer ya está en su sangre, entonces Mark les dice que quiere que con el dinero que era para la operación hicieran una fundación,

Lo que quiere decir es que si él nunca se hubiera enfermado, nunca se hubiera hecho la fundación, tampoco su mamá y su familia y tanta gente que está metida en esta no estaría ayudando.

Todo es para algo bueno aunque se pueda ver al principio horrible.

Les voy a contar una parte de mi historia: yo estaba cursando sexto de primaria y yo estaba haciendo cosas muy feas en este año, yo tenía 11 años y yo era una niña muy grosera y muy mala y hasta un día estaba con mi primo en el club y se nos ocurrió apagar las luces de las canchas de squash y cuando las apagamos nos fuimos corriendo pero los señores se enojaron mucho que llamaron a la policía del club, entonces ellos nos atraparon y nos reportaron y cuando mis papas fueron a recogerme se enojaron tanto conmigo que yo me sentí muy mal y decidí cambiar mi forma de ser. Entonces unas semanas después en las escuela nos avisaron de un concurso para irse a Inglaterra y yo fui a ver si iba pero no gane y mi hermana si, entonces me decepcione mucho y el mismo día que la dejamos en el aeropuerto me sentía muy sola pues mi hermana se había ido así ese mismo día sentí las ganas de ir a misa para no sentirme sola entonces fuimos y cuando llegue a la iglesia sentí una paz interior magnifica y no me quería salir de ahí entonces en la noche empezó a hablar con Dios cosa que yo nunca había hecho en mi vida y además hice algo que cambio mi vida por completo tome un libro de desarrollo humano para ver si podía cambiar mi forma de ser y me fascino y a partir de ese día me la pasaba leyendo el libro y rezando y hablando con Dios y estaba cambiando mucho mi manera de actuar y cuando llego mi hermana ella ni me pudo reconocer pues yo había cambiado mucho en el rato que ella se había ido.

Lo divertido es que si yo hubiera ido a Inglaterra nunca me hubiera acercado a esos libros ni hubiera querido ir a misa por que no me hubiera sentido sola y mi vida hubiera sido la misma y nunca hubiera mejorado.

El mensaje de esta historia es que Dios siempre permite que pasen cosas fantásticas y que todo absolutamente todo sea para algo bueno pues yo al principio no lo veía así pues solo quería mi viaje. Pase lo que pase como: no ganar un juego, perder un partido, un trabajo, una familia, reprobar un examen, quiere decir que vas a mejorar tu vida y que Dios tiene un plan para ti.

El mejor lugar para empezar de nuevo es donde estás, justamente donde te caíste y en donde te equivocaste justo ahí debes de empezar de nuevo, justo ahí te debes de parar y empezar de nuevo, pues en este juego de la vida como en los juegos electrónicos uno debe de reiniciar y mejorar nuestros errores. No te tienes que ir a otro lugar para empezar, pues si mentiste empieza diciendo la verdad, si le pegaste a alguien empieza abrazándolo.

No importa la edad que tu tengas lo que más importa es tu actitud. En la vida cotidiana vemos gente muy joven pero muy triste, muy enojada, muy enferma, etc. En cambio también vemos gente muy grande haciendo ejercicio, bailando, cantando, etc.

Tu actitud vale más que tu edad biológica, pues tú eres tan joven como tu alegría y tan viejo como tus preocupaciones, odios, rencores. Porque cuando te mueras tu espíritu seguirá vivo en el que esta su actitud y tu edad biológica desaparecerá. Así que puedes tener 1 año o 100 años pero lo que determina tu verdadera edad es tu actitud y no tus años biológicos.

¿REALMENTE CREES QUE EXISTE LA MUERTE?

Por qué existiría la muerte si dios nos ama demasiado de tal manera que nunca permitiría que muriéramos, pues si el creo la vida, para crearía la muerte, la "muerte" solo es una separación del cuerpo y del alma, el cuerpo muere y se hace polvo y el alma se va al cielo, pero siempre vive, porque si dios es espíritu y siempre vive, porque nosotros que también somos espíritu no somos eternos, siendo sus hijos y siendo hechos a su imagen y semejanza como lo que más ama dios.

Así que no le tengas miedo a la muerte, pues la muerte solo es un paso antes de llegar a la meta: que es llegar al cielo y ver a Dios.

¿QUÉ ES EL ALMA?

El alma es nuestra parte espiritual, es nuestra parte santa, es la parte que hace que amemos,

Es la parte que nos diferencia de los animales, es la parte inmortal de nosotros. El alma es como un 85% por ciento de nosotros, con esto quiero decirte que sepas que nunca morirás porque si la mayor parte de ti es inmortal entonces tú eres inmortal.

No te preocupes por la muerte.

Tú eres un ser muy especial tal y único tal y como eres, nadie se compara contigo, por eso no te debes comparar con nadie, porque nadie ha vivido lo mismo que tu igualmente, ni tú has vivido lo mismo que nadie, porque todos somos únicos, además como crees que el ser más maravilloso del universo va a crear dos cosas iguales, pues no serviría de nada hacer lo mismo por tanto nadie es igual a nadie, así que si alguien te dice que porque tú no eres de tal manera, es porque si fueras de esa manera no serias tú.

Cuando pienses en alguien y creas que sin él o sin ella no podrías vivir, porque es tu vida, luego empiezas a poner atención a: ¿Cómo te ves delante de ella/el?, y lo único que te importa es esta persona y lo que opine de ti y lo más seguro es que con el tiempo te deprimas.

Pues cuando te pase esto date cuenta que: Primero que nada tu vida es tu vida y como solo tienes una vida y el tiempo que ya paso no lo puedes regresar, no puedes detenerla por nadie, no puedes dejar de ser tu para su aprobación pues al dejar de ser tu dejas de ser feliz y eso solo va a provocar que te deprimas más de lo que ya estabas al principio así que lo que deberías hacer es: numero actuar tal y como eres y numero dos date cuenta que al esperar la aprobación de otra persona quiere decir que tú no te apruebas, no te amas lo suficiente, y como no te amas necesitas que te amen por que cualquier persona por naturaleza necesita amor, así que para que no necesites que la otra persona te amé o te apruebe, amate y apruébate.

Y para que te ames vete en el espejo y ve lo bello que eres tal y como eres y ve todas tus cualidades para que te apruebes y cuando te apruebes no necesitaras su aprobación y así no necesitarás que te amé. El odio, la envidia y el rencor desaparecerán por que no necesitas de nada, ni de nadie y ya contigo mismo eres suficientemente feliz para vivir. El odio viene del amor, pero es un amor que no puede fluir porque algo lo detiene.

Cuando nos equivocamos normalmente nos ponemos a llorar, nos empieza a doler la cabeza, empezamos a golpear a alguien o darle la culpa a alguien, pero te voy a dar unos consejos que puedes seguir cuando te equivoques: cuando te equivoques no te pongas a llorar, mejor perdónate y pídele perdón a Dios por lo que hiciste mal, luego examina el acto que hiciste mal y piensa que fue lo que te fallo y entonces para examinarlo dite como en este ejemplo: le mentí a mi mamá, bueno vamos a examinar esto, bueno pues tuve miedo de decirle la verdad pues no quise tener la responsabilidad de mis actos cuando los supiera ella, entonces mentí bueno pues que tengo que hacer para ya no volverle a mentir, pues enfrentar mis miedos.

"Muchas veces basta una palabras, una mirada, un gesto para llenar el corazón del que amamos". Madre Teresa de Calcuta.

HAY QUE AMAR COMO SI FUÉRAMOS BEBES

Pues recuerda que no necesitas hablar para poder amar de verdad.

Cuando un bebe nace, todos estamos muy felices y lo traemos para todos lados pues este no puede razonar mucho aun, ni pensar muchas cosas, ni caminar, pero si puede amar.

Y no solo ama a sus papas, sino ama a todo lo que ve, pues el no entiende nada, pero si perdona y hace sentir bien a todos.

Al paso de los años el niño se convierte en adulto sus padres le crearon ideas como:" no hables con extraños", "solo ama a quien te ama". Entonces este solo ama a su familia, amigos, novio o novia y esposa o esposo y no ama ni les habla siquiera a las demás personas.

Pero nuestros padres no se dan cuenta de que nos están haciendo un daño, pues nosotros por naturaleza somos amorosos y amamos.

Venimos al mundo aprender a amar de verdad y lo chistoso es que al pasar los años dejamos de amar de verdad. Pues dios dijo: les aseguro que solo los que sean como niños podrán entrar al reino de los cielos. Lo que quiere decir es que solo los que aman como niños podrán entrar al reino de los cielos y esto es entre comillas por que dios nos ama tanto que todos podremos entrar pase lo que pase y no es porque dios solo ame a los aman como niños, sino es porque solo los que aman así actúan como lo que son y serán lo que son: amor.

Un amor brillante y feliz

Les voy a platicar una pequeña historia: había una vez un jovencito que estaba paseándose por un hospital, al ver a un señor de la tercera edad solo, enfermo y en una habitación de este, se metió con el señor y empezó a hablar con él y a acompañarlo, le conto chistes y cuentos toda la noche. Al amanecer el joven se despertó y vio a las enfermeras y a los doctores con los ojos llorosos y después de un momento una enfermera le dijo:" buenos días jovencito., siento mucho tenerle que decir esta horrible noticia pero su padre ha muerto". Al oír esto el joven le dijo: "muchas gracias y buenos días pero creo que se han confundido este no es mi padre ni siquiera sé quién es este señor pero solo vine a verlo en sus últimos días por que como es mi hermano aunque no lo conozca merecía morir acompañado, pues a mí no me hubiera gustado morir solo".

Esta historia nos enseña el cómo podemos amar a todos, sin que los conozcamos o sin que nos amen pues todos somos hermanos y pues todo lo que hacemos lo deberíamos de hacer por amor.

Si empezamos a amar como niños o como bebes empezaremos a vivir bien por siempre.

Pues recuerda que si alguien te dice:" te odio".
Realmente no te odia y lo único que pasa es que te quiere
amar, pero hay pequeñas diferencias entre ésta y tú que no
la dejan amarte de verdad y estas son justamente las reglas
de la gente, mejor conocidas como pequeñas diferencias,
pues estas reglas dicen:" solo ama a tu familia y a los que te
aman". Amor es como una arma viva que nos hace poder
lograr todos los obstáculos usándola como si fuera una
escopeta pues en vez de matar animales, pájaros y personas
en este caso matas diferencias, matas mentiras, matas al
miedo, a la envidia y a todo lo que daña a una persona, así
que a amar se ha dicho.

¿QUÉ PASA SI UNO EMPIEZA A AMAR DE VERDAD?

Cuando uno empieza a amar de verdad, empieza a vivir de verdad y empieza a ser lo que realmente es uno mismo.

Cuando uno ama uno puede lograr todo lo que se proponga, pues desaparece el miedo a amar a los demás y se entrega uno mismo y por eso uno logra todo.

Si uno empieza a amar uno se vuelve amable, tenaz, valiente y de todo lo positivo.

El amor es como una semilla de uno mismo, pues si uno cuida el amor, esta semilla va a crecer y al paso del tiempo le van a aparecer unas ramas como: una rama de prudencia, una rama de ofrecimiento, otra de generosidad, otra de humildad y el tallo es la fortaleza, pues si uno da amor entonces uno tiene amor y si uno tiene amor pues uno tiene fortaleza y si juntamos ambos podremos lograr todos nuestros retos de la vida, ya sea que seamos amables, generosos, sencillos, respetuosos.

¿DE QUÉ MANERA PODEMOS OFRECER NUESTRO AMOR?

Lo podemos ofrecer sonriendo a la gente y solo con eso les demuestras que los quieres, también podemos amar desde nuestro trabajo, ya sea que hagamos nuestro trabajo con amor o amemos lo que hacemos. Solo por amor podemos disfrutar todo, pues al trabajar o al hacer panques, al escribir, enseñar, curar, vender o crear con amor, sabiendo que si lo hacemos bien podremos dar amor de verdad y ayudar a quien amamos.

El amor le da propósito a nuestra vida y así lo que hagamos, lo haremos bien y felizmente.

Si amas puedes ser fuerte, pues recuerda que el amor es el contario del miedo y el sinónimo de fortaleza y por lo tanto al amar estarás feliz.

Nunca confundas el amor, al dar por interés, el amor es dar sin interés y el otro es dar para que me den algo.

Para que puedas aprender a amar olvídate de todos los temores, del miedo, de las dudas y de las reglas que le has dado a tu corazón, pues tus padres, familiares, amigos te las han enseñado pero solo tú puedes enseñárselas a tu propio corazón si tú lo permites.

Ama porque es tu naturaleza y nunca lo hagas para recibir. Ama para que puedas vivir de verdad, para que aprendas a vivir como dios desea que lo hagas, aprende a vivir como tú lo deseas en el fondo de tu corazón.

¿Qué se enlaza con el amor?

Todo, el odio, la alegría, la tristeza, la compasión, la benevolencia, la envidia, cada día, cada cosa que se hace, pues cada acción la hacemos con un propósito: "que le sirva a alguien ya sea tu mismo u otra persona y eso es amor". En pocas palabras el amor es el universo, el amor es la vida, el amor es la muerte.

¿Cuándo deberíamos de celebrar el día del amor y de la amistad?

Siempre, todos los días, pues todos los días vivimos, entonces todos los días amamos. Pero celebrar el amor y la amistad no es hacer una fiesta, sino es amar siempre y no me refiero a amar a una persona, sino amar a todo el mundo pues así realmente estamos viviendo.

Que no tengamos miedo de amar a todos, que no nos importe lo que piensen todos los demás de nosotros mismos y que solo amemos porque es nuestra naturaleza, porque es lo que realmente desea nuestro corazón en lo más profundo.

Si hoy podemos ayudarle a alguien o podemos amarlo y tratarlo bien hagámoslo hoy pues así el día de mañana que ya no veamos a esa persona no estemos intranquilos de que nunca fuimos amables y lindos con esta.

Conclusión: si amamos podremos vivir como dios nos manda, pues el solo quiere lo mejor para nosotros. Nuestra conciencia siempre estará tranquila.

Siempre viviremos si amamos, pues dios es puro amor y por esto él es inmortal, por tal motivo nosotros somos inmortales porque tenemos la capacidad de amar con todo el corazón.

Ama sin recibir nada a cambio.

"Ama como si el amor fuera a durar siempre, lucha como si pudieras cambiar el mundo, sueña como si fueras a vivir eternamente y disfruta como si fueras a morir mañana". Lens Cejudoí

Toda la gente necesita a alguien para poder alimentar su esperanza y su vida, dando amor incondicional, porque de esa manera podemos tener fuerza.

El amor se tiene que alimentar de ayudar a la otra persona. El amor que se enriquece de regalos, siempre tendrá hambre-

El mundo es como una ensalada...

El mundo es como una ensalada, se necesitan personas dulces, amargas, agrias, saladas, pues si no hubieran personas que maten no podrían existir el mundo o seria le mundo tan dulce lleno de gente tan linda completamente, que después de un tiempo todos se hartarían y ahora habría un caos pues todos serian amargos. Pues todos empezarían a hacer cosas malas.

Esto es como una ensalada, pues si le echamos puro azúcar a la ensalada, va a quedar muy dulce y al final le echaremos tanta sal porque ya nos hartamos del dulce que ahora será incomible. Se pueden haber muchas personas pero todas son diferentes, son buenas todas y lindas, pero cada quien a su manera.

Imagínate le mundo como te acabo de decir lleno de gente linda, amable, y de todo amorosa, al principio sería muy lindo pero con el tiempo todos nos aburriríamos de lo mismo y no habrían tantos retos como hay ahora y por eso hay diversidad.

Si el mundo fuera distinto, no podríamos existir y por tal la vida no existiría y no estarías leyendo este libro o respirando.

Ama tal y como está el mundo, porque de otra manera ó forma o serviría.

Date cuenta que cuando te cambie a ti, el mundo cambiara.

Podemos mejorar el mundo si nosotros ya cambiamos, pero no podemos cambiarlo, pues así lo hizo dios y por tal motivo así está perfecto para la vida.

El mundo es como un espejo, así que cuando nos amemos veremos pura belleza en la gente, veremos bello al mundo, antes no.

Ama al mundo, porque no va a existir otro.

El mundo es perfecto porque dios lo creo, pero no es perfecto en el aspecto de que los hombres no se equivocan, sino en el aspecto que los hombres pueden perfeccionar su manera de ser y mejorar en todo lo que quieran y decidan mejorar, pues si sus habitantes fueran perfectos el mundo no serviría de nada pues venimos aquí para perfeccionar y poder llegar al cielo, además nadie necesitaría de nadie y si nadie necesitaría de nadie no podría existir el mundo.

Todos necesitamos de todos: como yo dije si los hombres fueran perfectos, no necesitaríamos de otros, por tanto no habría unidad, no habría amor, y por lo tanto no existiría dios y si no existe dios no existe nada, ni nadie, ni vida y por lo tanto necesitamos de todos.

Por ejemplo: el doctor necesita pacientes para poder ser doctor y los pacientes necesitan doctores para poder recuperarse y poder vivir, el policía necesita a los ladrones y los ladrones necesitan policías para aprender de sus errores y nosotros también necesitamos de ellos para valorar lo que tenemos, valorar a la gente, cuidar, agradecer que no tenemos que hacer lo que hace un ladrón, el vendedor necesita clientes y los clientes vendedores, necesitamos albañiles, médicos, escritores, ingenieros, abogados, y ellos de nosotros.

Por eso necesitamos de todos, pero nuestra necesidad es reciprocar por tal motivo siempre se tienen que sentir útiles.

Si todos fuéramos iguales no habría nadie que hiciera otras cosas y entonces, o necesitaríamos a alguien que nos divirtiera o a alguien que nos apoyara, etc. No habría diversidad y daría lo mismo ser el vecino de enfrente que ser tú mismo y nadie valdría nada.

Dios nos da todos tipos de personas, ya sea para que aprendamos de ellos, para que los amemos o para que nos sintamos únicos y valiosos tal y como somos.

Tú necesitas tener personas que maten, para que aprendas a perdonar, para enseñarles a amar, para que el juez, abogado y el policía tengan trabajo, para que uno valore la vida y para saber que a cualquier hora nos podemos morir, para que otras personas aprendan o para que el propio matón se arrepienta de todas las cosas que hizo y haga cosas tan extraordinarias que no cualquiera haría.

Necesitamos de todo tipo de personas para vivir bien. Si no habrían personas problemáticas, no habrían problemas y tal vez eso nos quitaría muchos momentos divertidos, pero de suspenso, en los que uno puede sacar cierta emoción y tener retos, los cuales hacen que la vida sea más entretenida.

Todos somos maravillosos.

En conclusión: necesitamos de todos para que nuestra vida tenga un poquito de todo y sea muy divertida, alegre y entretenida, pero sobre todo para que nuestra vida pueda realmente existir y para que las cosas tengan sentido. Dios nos hizo a todos complementarios de todos. Es cierto que el hombre y la mujer son complementarios, pero la verdad es que todos somos complementarios de todos de cierta forma porque todos necesitamos por lo menos una pizca de cada persona que conocemos.

Si no fueras así no existirías

Dios elige personas, a las cuales les pone su nombre y sus retos en la vida pero Dios es perfecto y no se equivoca, por eso si a ti te eligió tal y como estas quiere decir que estas perfecto así, aunque no puedas ver, no puedas caminar, no tengas un miembro, no puedas oír, estés muy delgado, aunque estés muy gordo, aunque estés muy alto, aunque estés muy bajito de estatura, pues gracias a estas características puedes enfrentar los retos que te puso Dios en la vida y además lograr las metas que te da.

Todo encaja, lo perfecto y lo chistoso es que estas metas son las que más nos gustaría lograr.

También mucha gente dice: "Ay porque a mí me tuvo que dar cáncer, porque tengo esta enfermedad". Pero la verdad es que no se dan cuenta que lo mejor que les pudo pasar fue que les diera cáncer porque esta enfermedad les va a hacer que recapaciten sobre la vida y que la empiecen a valorar, además que el cáncer u otra enfermedad es parte de ellos, es parte de su vida, es parte de su persona, es parte de su esencia y es parte de su misión en la vida y si no tuvieran esta enfermedad, no podrían ser ellos mismos, no podrían lograr nada y esa es la realidad para ellos.

Nunca te toca ser tú, no eres quien eres porque te eligieron al azar sino porque así eres, y debes agradecer lo que te toco ser, pues de esta manera vas a lograr y vencer todos tus sueños, metas y retos de la vida.

Amate tal y como esta y veras que mucha gente te amara tal y como estas. No trates de parecerte a nadie pues así dejas de ser tú y es como si hubieras desaparecido.

Lo hemos visto con los actores y con gente común, pues toda aquella que se aprecia y se ama tal, pues tal y como esta triunfa y logra todo lo que se propone.

Pues tú no necesitas los mismos sentidos, la misma salud, la misma economía, la misma altura, los mismos músculos, las mismas extremidades, la misma vista, el mismo bienestar,

Ni nada como los demás para lograr tus metas y sobre todo para amarte y ser feliz.

Si tú no puedes caminar no quiere decir que seas un minusválido, si no puedes ver no quiere decir que seas un ciego, si no puedes oír no quiere decir que seas un sordo, etc., pues solo eres tú, además no tener vista, o no poder caminar o no poder oír no son desventajas, todo el contrario son ventajas que muchas personas no tienen para lograr tus propias metas, son características que te hacen especial y único, además solo existe la ceguera, la sordera y la minusvalidez del corazón.

Dios te ama y te apoya tal y como estas, entonces porque tú no lo haces si tú eres tú y sin ti no serias nada.

Acéptate a ti mismo tal y como estas, porque realmente no podrás estar de otra manera.

Amate y no le copies nada a nadie, pues si no desapareces.

En la vida mucha gente desea dejar de ser como son y quiere ser como otra y como no lo logra se deprime y se destruye.

La verdad es que esa persona no sabe el secreto de que si empiezan a tratar de ser otra persona, dejan de ser ellos mismos y desaparecen, porque ya no son ellos sino son una copia de otra persona.

Por eso debes de ser solo tú auténticamente, porque solo tú con tus propias cualidades y tus propios defectos puede vivir lo que tú vives y puede lograr lo que tú deseas.

El único secreto es: nunca dejes de ser tú mismo. Si quieres cambiar algo tuyo hazlo a tu manera, si te quieres cambiar el look del cabello cámbiatelo a tu manera, a tu estilo.

Si quieres caminar, jugar, estudiar, trabajar, comer y lograr tus sueños hazlo a tu manera, pero eso no quiere decir que no debas usar consejos de la gente, al contrario úsalos, pero solo usa los que tú mismo creas que te sirvan y no los que los demás te digan que te sirven.

Solo usa los que tienen que ver contigo, los que te van a ayudar a seguir lo que necesitas.

Nunca vas a entender a nadie completamente

Mucha gente suele estresarse o por que no la entienden o por qué no entiende por qué otras personas actúan de determinada manera.

Hay que ser empáticos, pero de todas maneras nunca vas a entender a nadie porque nunca vas a vivir lo mismo que los demás, así que no porque nadie te entienda quiere decir que eres raro o estás loco, sino es porque eres tú y no la otra persona, cuando todos te entiendan todo lo que piensas y dices y actúas, entonces ahí si preocúpate por qué quiere decir que ya no eres tú, sino eres una mezcla de ideas iguales a las de todos.

Cuando te entiendan todos y entiendas a todos quiere decir que ya no eres tú y que solo estas siendo una copia de alguien.

Las copias de las personas son como las copias de los libros y las copias de las cosas que las puedes hacer en un segundo, en cambio los nuevos libros, las personas únicas y las cosas nuevas y diferentes se tardan en hacer de verdad, pero su resultado es único y maravilloso, además como ya había dicho necesitamos de todos y si tu dejaras de ser tú el mundo no funcionaría igual.

No te creas uno del montón, pues no por hacer cosas grandes a los ojos de los demás no quiere decir que no hagas cosas grandes ante tus ojos, además todas las cosas pequeñas ante los ojos del hombre son cosas grandes ante los ojos de Dios y Dios es el creador todo poderoso.

Nadie es de ningún montón, pues que tiene de diferencia una cantante, una actriz y un dueño de una empresa con un panadero, una enfermera, un taxista, si de todas maneras necesitan de gente y además ellos son los que más necesitan gente, así que nadie es más importante que nadie, por eso no copies nada de nadie y solo se tú y veras cuanto le servirás al mundo.

Todos somos los centros del mundo porque todos necesitamos de todos, el mundo necesita de todos.

Si solo tienes una vida y un cuerpo, porque no los disfrutas

Mucha gente gasta su vida viéndose en problemas, tristezas o envidias y no se dan cuenta que con el paso del tiempo se les va la vida y nunca la disfrutaron pues ya nunca la podrán volver a tener.

Mira si solo vas a tener una vida, está vida la debes disfrutar como nunca, pues en ella debes lograr tus metas y sueños, pues no sabes si el día de mañana se acabara tu vida.

Esté como esté tu cuerpo cuídalo y amalo pues será el único que tendrás siempre, al igual que la vida, pues si solo vas a tener una pues entonces disfrútala y no esperes a que mejoren las cosas, pues las cosas están lo mejor que pueden estar en ese momento.

Ahora quiero que digas: "Solo tengo un cuerpo, un alma y una vida para lograr todos mis sueños, además esta vida no será para siempre, así que todo lo que pueda lograr y hacer el día de hoy respecto a mis sueños lo hare sin importar la opinión de otros, las circunstancias en las que esté y me voy a olvidar que el mundo y la vida es injusta porque así como está encaja y está perfecta, pero aun así sé que cada día puedo mejorarla con mis habilidades, desde mi trabajo, mi familia, mis amigos y yo.

De ahora en adelante voy a disfrutar esta vida como si fuera la más sencilla, más divertida, más exitosa y más interesante que pueda tener, aunque sé que todo esto es cierto, y el único que tiene que dar esa diversión a mi vida soy yo".

Acabando de decir esto quédate feliz y satisfecha y recuerda estas palabras para que te des cuenta de todo lo maravilloso que eres tú y lo es la vida que tienes.

En serio nunca destruyas tu cuerpo, ámalo porque será con el único con el que podrás lograr hasta lo imposible.

Disfruta tu vida cada minuto. Se fuerte en la vida, para que logres tus metas, pues serán tus únicas metas.

Cada cosa que hagas en la vida disfrútala sin importar cuál sea porque puede ser que sea la última que hagas, además como solo tienes una vida para lograr tus metas, pues lógralas sin importar nada, pues lo único que realmente siempre te detiene eres tú mismo.

La belleza la podemos describir como algo que nos gusta mucho, pero mucha gente piensa que la belleza sólo se puede ver, pero la verdad es que lo más bello del universo no se puede ver, pero si se puede sentir, como los sentimientos, el amor, la alegría, la amistad, la generosidad, la valentía y sobre todo Dios.

Pues si la verdadera belleza fuera la que se viera, entonces los ciegos no la podrían ver y como Dios nos ama tanto a todos no dejaría que alguno de sus hijos no pudiera ver la belleza real.

Hay dos tipos de belleza: la real que es la que no se puede ver pero se puede sentir y la belleza ficticia que es la que se puede ver pero casi no se puede sentir.

LA VERDADERA BELLEZA

Esta belleza se basa en los sentimientos y en lo espiritual. Esta belleza es eterna, pues es en la que uno puede sentir como es la gente.

Por ejemplo: un chico se fija en la física de una chica, pero un día se le ocurre hablar con ella y cuando le habla se da cuenta de que no vale la pena, se da cuenta de que esta chica no tiene ninguna belleza interior.

Este tipos de belleza es con la que nos relacionamos, la belleza son palabras, acciones, apoyos, sueños y logros.

La persona más bella es la más humilde y la más amable, con la que podemos hablar.

Uno no se relaciona con lo que ve, sino con lo que se dice y hace con la gente. Pero ninguna belleza se puede comparar con otra porque todas han vivido diferentes cosas, han aprendido diferentes cosas y han tenido diferentes habilidades.

Eso es algo bonito que hace que todas las bellezas sean únicas, que ninguna se pueda parecer a ninguna. Uno puede amar a esta belleza para siempre, pues el amor esta gracias a esta belleza, de esta nunca nos cansaremos y gracias a esta hay vida de verdad, la cual solo está si hay amor, pero sin esta belleza este amor no puede estar realmente. Esta belleza mueve fronteras y logra sueños.

Sin esta belleza podría estar la afinidad o la atracción física pero nunca podría estar el amor sin esta belleza. La belleza no se puede ver pero si sentir y eso la hace más pura, pues todos podemos sentir de verdad, la belleza se ve con los ojos del corazón glorioso que tenemos.

Belleza hermosa que entre más pasa el tiempo se vuelve más hermosa. Esta belleza es tan pura que solo la podemos guardar en el corazón, pero nunca en la mente ni en los ojos.

En este tipo de belleza, toda la gente gana pues aunque haya hechos cosas malas, todas estas bellezas nos enseñan de cierta manera y por ello nos sirven mucho. Lo que se puede sentir nunca desparecerá, pues solo la belleza vivirá por siempre y no me refiero a la belleza ficticia, sino a la real.

LA BELLEZA FÍSICA O FICTICIA

Esta belleza se basa en lo que vemos pero no en lo que sentimos. La belleza física se ha de acabar en muy poco tiempo, pues esta si la podemos ver, pero no es tan pura porque no todos la podemos ver, además esta belleza no la podemos crear nosotros y no la podemos rejuvenecer, pero si es importante esta porque algunas veces esta hace que la gente nos identifique con solo vernos y además esta belleza es la que nos sube el autoestima, pero esta belleza nunca va a determinar el tipo de persona que eres, pues esta belleza puede variar solo y únicamente por los genes, esta belleza no la podemos ganar.

Esa belleza no cuenta mucho pues en unos años esta se va a convertir en polvo. Esta belleza no es belleza, por tanto no es pura, ni valiosa como la otra belleza.

Además esta belleza nunca nos permitirá amar. A lo que me refiero es que el que se fija solo en esta belleza nunca podrá amar de verdad. Este tipo de belleza no la tienen todos y no la pueden apreciar todos, por tanto no es real.

Diferencias entre una belleza y otra: Vean a un bebe muy bonito, con el tiempo él bebe aprende valores, ayuda a la gente, ama, se vuelve alguien maravilloso, luego conoce a una chica de la cual se enamora, pero con el paso del tiempo se vuelven novios, luego se casan y van pasando los años, los dos han envejecido físicamente, pero con ese tiempo la pareja se ha vuelto más culta, más amorosa, y más bella.

Cuando muere uno de los dos, uno ya no ve al otro físicamente, pero diario recuerda el amor y las palabras que compartieron juntos y aun ve bella a su pareja, pues sabe que esta belleza nunca terminará.

Otro ejemplo: cuando vamos a conocer a una persona o cuando elegimos a un amigo no nos fijamos en el físico, pues uno no se relaciona con el físico de la persona, sino con lo que esta persona dice, hace, piensa y lo que tiene en su interior y esta es su belleza interior, pues tu no podrías querer a alguien que no vieras bello, por eso quiero decir que no necesariamente la gente es bella por su físico. Todos somos bellos y todos podemos extender nuestra belleza amando más y teniendo más valores.

Además la belleza espiritual la podemos ver en toda la gente y por ello podemos amar a toda la gente, en cambio la belleza física solo la podemos ver en algunos.

Ama de verdad y cuando veas esa belleza que todos traen adentro podrás amar de verdad, pues todos la tenemos, solo hay que sacarla y puede ser desde como bailamos, cantamos, amamos, esta belleza también se ve en nuestros talentos y en nuestros valores, pues todos tenemos por lo menos un talento en la vida y nuestra personalidad es parte de nuestra belleza, por eso no hay que dejar de ser realmente lo que somos porque tenemos miedo de que nos pase algo si seguimos actuando así.

Siéntete bello, pues eso eres a tu manera y como ya he dicho recuerda que no puedes ser otra persona. Cuando te sientas bella o bello podrás ver la belleza que te acabo de decir en cada una de las personas que veas y conozcas.

Dios es bello en todos los aspectos y no lo podemos ver, así es como le debe pasar a todas las personas, sin verlos los podemos ver muy bellos, por solo oír sus palabras, ver sus actos o tan solo escucharlos, pues ese es el secreto de la verdadera belleza.

Así que si todos somos bellos, porque no podemos amar a todos, sin importar su genética. La belleza que perdurara será la espiritual.

La riqueza

La riqueza se caracteriza por el mayor número de posesiones, de dinero, de oro, de plata, etc. Mucha gente cree que la riqueza la tiene la gente que vive mejor y también la que tiene más pertenencias, dinero, posesiones y propiedades, y de estas 5 afirmaciones solo la primera es verdad, solo que la tendemos a confundir con el que vive mejor porque tiene más comodidades materiales que los demás.

Según el hombre la verdadera riqueza es la que acabo de decir y además cree que no cualquiera puede ser rico, pues necesitamos muchas cosas para poder ser rico. La gente compite a diario para ver quien tiene más dinero y quien no tiene y no se dan cuenta de algo…

La riqueza la vemos diario y a todas horas, pero nunca nos damos cuenta que siempre la hemos tenido, porque la hemos tenido siempre escondida, desde que nacimos.

¿CUÁL ES LA VERDADERA RIQUEZA SEGÚN DIOS?

Dios es nuestro creador y él nos ha enseñado que solo hay un tipo de riqueza el cual les da a todas las personas y todas las personas la poseemos. Esta riqueza es el amor, la amistad, armonía, compañía, generosidad, etc. Pues no hay riqueza más valiosa que el amor, el cual gracias a él podemos vivir de verdad y eternamente, sin necesidad de tener cosas materiales, aparte de la comida y el agua. A continuación les voy a platicar algo que Dios le dijo el ser humano hace unos siglos.

Dios dijo: les aseguro que los ricos no podrán entrar al reino de los cielos, pues realmente no es lo suficientemente rico para llegar al reino de los cielos, pues este nunca sembró riqueza, porque nunca compartió sus pertenencias materiales con nadie y eso hizo que nunca haya podido sembrar la verdadera riqueza que es el amor, además la única riqueza que tiene, desaparecería al llegar al reino de los cielos.

Esta riqueza a la que la denominamos así los hombres es la que nos dice Dios que va a desparecer cuando llegue al reino de los cielos, pues esta no es eterna.

En otro pasaje de la Biblia estaba san Tolomeo en la iglesia y de repente llegaron unos soldados, y le preguntaron a Tolomeo lo siguiente: "¿Oye sabes dónde están las riquezas de esta iglesia? 2. Al oír esto Tolomeo les dijo: "Si se dónde están, pero ahorita no las tengo, se las puedo traer mañana. Los soldados asintieron y se fueron muy satisfechos. A la mañana siguiente llegaron los solados y le dijeron a Tolomeo:" ¿Dónde están las riqueza de la iglesia?". Al oír esto Tolomeo les dijo: esperen aquí las tengo, solo déjenme ir por ellas, pues están en el cuarto de allá. Los soldados esperaron satisfechos y al segundo vieron a san Tolomeo agarrando a un grupo de marginados y le dijeron: "Tolomeo, creo que nos has entendido mal, pues te hemos pedido las riquezas de la iglesia". Al oír esto Tolomeo les dijo:" Estas personas son las riquezas de la iglesia". Los soldados se pusieron furiosos y le dijeron: "Bueno Tolomeo vamos a cumplir tu deseo de que seas mártir". Así que lo agarraron y lo quemaron y al segundo Tolomeo se murió.

Para Dios la riqueza somos nosotros y yo creo que también para nosotros esa es la verdadera riqueza. Las personas que aman de verdad a otras personas son las más ricas, no las que tengan más amigos, familia, etc., sino las que puedan amar a más personas sin ser correspondidos, pues la riqueza no la tiene el que tiene más, sino el que ama más, el que da más y el que sirve más.

Toda la gente es rica, porque toda la gente tiene la mayor de las riquezas que es: uno mismo.

¿CUÁL RIQUEZA NOS DURARÁ PARA SIEMPRE?

A la riqueza que denominamos por el que tenga más, es aquella riqueza que no dura, pues esta debe usarse para obtener un fin y con esta no nos iremos al cielo.es muy chistoso como uno se preocupa tanto por una riqueza que nos a durar días, en vez de preocuparnos por la riqueza que nos llevaremos a la vida eterna, nosotros o mejor dicho nuestra alma y como cuidarla, pues siendo fuertes, creyendo en nosotros mismos, amando y perdonando, es como obtendremos esta riqueza eterna.

Hay que preocuparnos por nosotros mismos porque así seremos felices por siempre y nos podremos preocupar por otros. A tus amigos, familia, compañeros, hermanos, novios, entre otros, si los vas a ver en la vida eterna y al dinero no.

Creemos que si nos la pasamos buscando dinero estamos pensando en nosotros mismos y la verdad es que estamos muy equivocados, pues cuando estemos amando estaremos pensando en nosotros, pes sin nos la pasamos buscando dinero y cosas nunca disfrutaremos de la vida, ni de la verdadera riqueza de uno mismo.

Conclusión: Tú eres la riqueza de la vida y la riqueza de este tipo es eterna y no necesita riquezas superficiales que en poco tiempo acabarán. Todos somos ricos de verdad.

¿QUIÉN ES EL MÁS RICO DEL MUNDO?

En la vida diaria hemos aprendido que el más rico es el que necesita menos cosas y el que necesita más es el pobre, lo cual es correcto.

El más rico del mundo es el que necesita menos coas, pero no el que necesita menos cosas porque ya las tiene, sin el que con una cosita ya se da de abasto, es el que no necesita muchas cosas materiales para ser feliz, pues él es feliz porque lo decide, y también es muy rico porque lo decide el mismo. Él puede ser feliz siempre, pues toda persona independiente de las cosas materiales es rica, pues Dios nos creó y nos dio la vida sin estas porque piensa que podemos vivir muy bien sin ellas.

La persona que necesita muchas cosas es muy pobre, porque no se da de abasto, cree que su felicidad proviene de ellas y nunca será realmente feliz, porque nunca tendrá suficiente.

Además para que queremos muchas cosas en nuestra vida, si teniendo muchas cosas nunca las vamos a disfrutar todas realmente. Actualmente estas cosas están provocando que: las familias ya no estén unidas, destruyen familias por que las personas solo quieren compartir su vida con posesiones y no con gente, entonces esto hace que se pierda la comunicación, luego que ya no haya unidad, luego que ya no haya amor y cuando esto pasa es como si las personas ya no vivieran, pues recuerda que sin amor, no hay vida realmente.

Ya viste que la riqueza es la familia, los amigos y sobre todo tu propia vida.

No te preocupes por el dinero, pues el siempre llegara a tu vida si es que tu confías en que siempre lo tendrás o que en algún momento llegara, pues si te preocupas mucho por el dinero, este nunca llegara.

El dinero va y viene, pero la gente se queda siempre en nuestra alma, así que recuerda cual es la verdadera riqueza del mundo y nunca te olvides que tú y la gente valen más que toda la "riqueza" del mundo.

Si crees que siempre tendrás dinero estas en lo cierto y si crees que nunca tendrás dinero también estas en lo cierto, pues recuerda que todo es mental y si tú le dices a tu mente no puedo, quiere decir que de verdad no puedes.

Disfruta tu riqueza tal y como esta y no te limites a copiársela a nadie, pues en ese momento ya habrá desaparecido tu riqueza y además nunca te saldrá parecida y al final te sentirás mal contigo mismo.

TODOS SOMOS HERMANOS:

Mucha gente tiende a tener hermanos, pero creen que estos son los únicos que tienen y no se dan cuenta que todos somos hermanos de todos, pues los que nos dan la vida son nuestros padres y Dios nos la dio, además si decimos que Dios es nuestro padre, ¿Por qué no nos damos cuenta que nosotros somos hermanos? Tenemos hermanos genéticos, y también es cierto que toda la gente tiene una vida diferente a la nuestra, por lo cual no los veamos como nuestros hermanos, pero hasta nuestros hermanos que vivieron con nosotros cuando éramos chiquitos han tenido vidas diferentes.

Es chistoso como tienen que suceder catástrofes naturales, guerras y desastres para que podamos actuar como lo que somos, y somos hermanos de todos. Dios nos da padres terrenales diferentes por que cada quien tiene misiones diferentes, cada quien necesita problemas, situaciones, y padres diferentes para poder desempeñar su misión en la vida, además si todos naciéramos del mismo padre pues todos nos pareceríamos, desaparecería la biodiversidad y no podríamos vivir, porque todos seriamos iguales con los mismos valores y todo, entonces ya no habrían retos y por solo genética pues no podríamos tener hijos y entonces desaparecería el ser humano, pero eso no nos quita que realmente seamos hermanos.

¿REALMENTE HAY HUÉRFANOS?

Dios nos elige a todas las personas diferentes situaciones para vivir, pero nos ama tanto que nos da a todos las habilidades que necesitamos para cumplir nuestra misión y nos da todo lo necesario para vivir dependiendo de quienes somos y que nos toca vivir.

Dios es el padre de todos, pero como nos ama tanto sabe que hay personas que no necesitan de padres terrenales para lograr sus metas y sueños y que si ellos los tuvieran no las podrían lograr.

Pero a los que les decimos padres desde que somos chiquitos, realmente no son nuestros padres, sino son nuestros hermanos mayores que hacen el papel de nuestros padres en representación de Dios porque él ha decidido que los necesitamos para aprender valores, para sentirnos queridos, para poder ir a la escuela y para tenerle a alguien confianza. No pienses que no todos somos amados por Dios porque tenemos diferentes situaciones de vida, pues algunas personas son pobres, otras son ricas, otras están enfermas, otras son huérfanas, entre otras, pero la verdad es que las personas que viven las peores situaciones de la vida son las personas en las que Dios les pone más confianza, porque él sabe que estas son capaces de sufrir cosas en su vida y aun así seguir adelante, estas personas tienen muchas más misiones que cualquier persona que desde que nació a tenido una casa, una familia, comida, ropa, dinero, etc., pues estas personas nos enseñan a seguir adelante, Dios les tiene un amor en especial a este tipo de personas.

LA BELLEZA DE EQUIVOCARSE

Quiero que de ahora en adelante ya no te molestes cuando te equivocas pues me he dado cuenta que cuando haces una acción tienes el 50% de probabilidad de que te salga muy bien y tienes el 50% de probabilidad de que te salga mal, entonces si en un día llegas a hacer 100 cosas pues solo tienes el 1% de probabilidad de que hayas hecho las cien cosas sin ningún error, por eso no tiene nada de mal equivocarse a diario, pues casi siempre es más probable que te equivoques a que no te equivoques, además pues somos humanos y por naturaleza nos equivocamos y lo más importante es que hayas aprendido de tus errores y que los cambies, pero lo más obvio es que te puedas volver a equivocar en lo mismo y no tiene nada de malo pues quiere decir que estas cambiando estos errores, pues cambiar obviamente te llevara tiempo.

Por qué tendemos a quejarnos por el gobierno y a empezar a decir: "Es el deber del gobierno darle a nuestros hijos una buena educación, es el deber del gobierno darle a cada ciudadano una casa y darle a cada quien algo de comer y es el deber del..."

Cuando la verdad es que todos somos seres humanos, todos nos amamos, y si queremos vivir en la tierra como si ya estuviéramos en el cielo tenemos que aprender que somos como una vela, una vela que si ama, si sirve y si ayuda sin importar si el gobierno sirve de algo o solo hace le mal, está siempre iluminara, brillara y tendrá luz y la vela que se dedique a ver si los demás también lo hacen y no hacen nada, serán como una vela en la oscuridad, una vela sin luz, una vela inservible que solo vivirá en penumbras sin nadie.

Todos necesitamos de todos, pues una vela iluminada y sola, no ilumina todo el camino para lograr sus metas, pero muchas velas juntas iluminando, pueden llegar a iluminar todo el camino necesario para lograr sus metas, así que hay que servir y no esperar a que las cosas cambien sino cambiarlas, pero es mejor hacerlo unidos porque así nos ayudamos y apoyamos y por qué lo necesitas porque así al encender su vela te ganas su apoyo y si la tuya está muy débil la otra persona te la vuelve a encender.

Muchas veces sentimos que lo que hacemos en la vida solo es como un pequeño granito de arena en un desierto, pero no nos damos cuenta que el desierto sería más pequeño si le faltará un granito minúsculo de arena.

Dios nos hizo para iluminar y no para esperar ser iluminados pues el que espera no sirve de nada y al final se pudre, pues nada es para siempre.

Porque nos molestamos con los demás cuando nos tratan de molestar o nos hacen una grosería si sabemos que todo tiene solución en cambio hay gente que no tiene que comer, hay gente que está todo el tiempo enferma o que no tiene donde vivir y sin embargo vive feliz, sin molestarse de nada, ni con nadie.

Para que seas un ganador trabaja más fuerte y verás que te va a sobrar tiempo siempre aunque tengas muchas cosas que hacer siempre tendrás tiempo libre.

Juzga a la gente por sus cualidades y no por sus errores pues así podrás amarlos y podrás aprender de ellos las cualidades que tú no tienes y ellos sí. Un verdadero líder nunca se siente líder.

EL MÁS VALEROSO ES EL QUE NO SE CREE TAN VALEROSO

Tú no eres fuerte, inteligente, creativo, amable, ingenioso, divertido y feliz para que todos te admiren sino para usar tú fuerza, inteligencia, creatividad, amabilidad, alegría y esa diversión para ayudar al que no tiene todo eso. No veas los defectos de nadie para criticar sino para ayudar para que ya no los tenga. Recuerda que nosotros estamos hechos para encender amor y mucho más amor que lo que estaba antes.

La gente es como los globos, los globos vuelan y brillan, sin importar su color, su tamaño y si tienen 6 picos, 1 hilo o si no los tienen. Ellos vuelan muy alto y logran su meta, que es llegar al punto más alto.

Lo mismo pasa con la gente pues no importa si no puedes caminar, oír, ver, si eres hombre o mujer, si tienes los ojos rasgados, ni tu edad o si tienes un tono de piel oscura o clara, pues de todas maneras sigues siendo un humano y los humanos pueden volar, pueden lograr hasta lo imposible, pueden soñar, pueden cantar y pueden brillar todo lo que se propongan sin importar su apariencia física.

Tú puedes brillar y cumplir tus metas sin importar nada pues lo único que te detiene a que no lo hagas eres tú mismo y es tu propia decisión en la vida. Si tienes alguna discapacidad, ya sé que no puedas ver, que no puedas caminar, que no tengas algún miembro, entre otros, quiere decir que tú tienes una ventaja que otros no tienen que es: el esfuerzo y las ganas para lograr las cosas y así tú te puedes sentir orgulloso/a del esfuerzo que ha hecho.

¿Por qué cuando alguien nos pide un favor le decimos que no podemos porque tenemos cosas que hacer y cuando vemos que la vecina/o de a lado está haciendo el favor muy feliz ahora si queremos hacerlo?

¿Por qué tenemos que ver con los ojos para poder saber que las cosas existen o para poder saber que son bonitas o valen la pena hacerlas en vez de verlas con los ojos del corazón?

Cada acción buena que puedas hacer hazla porque no vas a volver a pasar por este camino y ya no volverás a tener esa oportunidad de hacer esa acción buena. Ayuda con discreción para no humillar a quien ayudas. Ayuda con pasión pero sin que nadie sepa.

Tal vez te quejas de que tu padre celestial te pide muchas cosas como: amor, cariño, generosidad, constancia, puntualidad, dinero, salud, entre otras en la vida pero la verdad es que tu padre celestial está guardando todo lo que le estas dando en la vida, ya sea un rato que este enferma/o, dinero para los pobres, entre otras para que tú lo tengas en la vida eterna, si te pide dinero pues es para que tu tengas muchas cosas en el cielo, si te pide salud es para que en el cielo siempre estés sana/o, además si no te pidiera nada cuando llegaras al cielo no tendrías salud, no tendrías amor, no tendrías nada.

Sonríele a la vida pues no sabes cuánto puede ayudarle a alguien una sonrisa.

Recuerda que aprender a amar, es amar a alguien imperfecto.

No importa cuánto hayas entrenado, cuanto hayas estudiado, pues si te dices que no puedes entonces no podrás. Nunca te compares con nadie porque siempre va a haber personas que se vean menos capaces que tú y personas que se vean más capaces que tú.

Si no logras las cosas la primera vez vuélvelo a intentar, créeme que en alguna de estas veces que lo intentes lo vas a lograr, así que créeme que nada es imposible por más difícil que se vea.

Tu amor y mi amor no son una reacción, ni una respuesta, sino es una decisión pues tú decides amar. El tiempo nunca lo vas a recuperar, así que nunca digas que tienes tiempo de sobra pues siempre te faltara. El tiempo se pasa y el tiempo se acaba pero el amor y la riqueza espiritual nunca acabara, ni nada ni nadie te la quitara si tú no lo permites.

Vive cada día como si fuera el primero y el último y solo fija tu atención en el hoy y no en el futuro ni en el pasado.

¿Por qué nos da miedo ayudar?

Si tu fueras esa persona que necesita ayuda, te aseguro que estarías muy agradecido con quien te ayuda. Si a ti te gustaría que te ayudaran, entonces ¿Por qué no ayudas? La vida es como tu corazón y tu alma la vea, porque la que realmente nos hace ver es el alma y el corazón.

Si alguien tiene los dones que tú no tienes alégrate por qué quiere decir que ellos te pueden ayudar y que lo más seguro es que también tengas dones que ellos no tengan y tú los puedas ayudar.

Si no entiendes a nadie quiere decir que lo más seguro es que la otra persona tampoco a ti, pero nos podemos apoyar con nuestras diferencias y así querernos entre todos.

Haz en tu vida lo que tú deseas. No tienes que hacer de tu vida difícil pues solo haz lo que más disfrutas sin dañar a nadie.

No hay prototipos pues la verdad pienso que cada quien es diferente aun que físicamente se vea igual.

Sabes cuál es la mejor manera de viajar, pues la mejor manera de viajar es con tu imaginación. No necesitas ir a un avión y a otro lugar puedes vivir tu propio viaje en el mismo lugar y viajar por todo el mundo pues solo imagina todo el mundo y será como si hubieras viajado. El mejor viaje que puedes hacer es el viaje de la vida, pues en este puedes viajar a los lugares que más te gusten.

La verdadera belleza que cada uno tiene

Tú eres bello tal y como eres. No eres bello porque alguien está enamorado de ti, sino eres bello porque para el ser más perfecto del universo, nuestro creador: Dios, para el eres bello.

Me doy cuenta de que nuestra vida es muy sencilla, pues siempre hay alguien que nos ayuda.

No sé por qué nos da miedo los fantasmas, la muerte o las personas que hacen males si somos hijos del sumo poder, el cual ha vencido la muerte y si tenemos el poder más grande junto a nosotros el poder que sabe el futuro, el cual es más fuerte que todo, entonces nada nos podrá pasar.

La mayor enfermedad hoy en día no es el cáncer ni el sida, sino más bien es el sentirse no querido, no cuidado, abandonado por todos y no saber amar a los demás. El mayor mal es la falta de amor y caridad que tenemos con nuestro prójimo, con nuestra familia y amigos.

La vida es muy sencilla, pues me he dado cuenta que hay gente que no tiene trabajo toda su vida, gente que no tiene que comer, gente que toda su vida está enferma, gente que toda su vida no conoce a dios y lo más difícil de nuestra vida es: que tenemos muchas cosas que hacer, o que nos peleamos con nuestros amigos, familiares o novios/as y todos estos problemas tienen una solución.

Si crees que nadie te ama date cuenta que el ser más supremo del mundo es tu padre y que él te ama, y te ama antes de que tu nacieras, date cuenta que lo único que necesitas para vivir es a ti mismo.

Toda la gente es un regalo maravilloso y todos somos un milagro pero no por lo que hagamos sino por lo que somos, por nuestra actitud.

Los miedos nos sirven pues nos hacen la vida divertida pues hay que enfrentarlos. Todo encaja en su lugar.

El mundo es como un rompecabezas pues sin el ratero no hay juicios, no hay delitos y todos dependen de una pieza. Qué bueno que tenemos ideas diferentes pues así hay mucha diversidad de vida.

La gente es increíble tal y como es, pues tiene cualidades, valores y sobre todo habilidades muy diferentes a las de otras personas, por lo tanto valen mucho con sus errores y cualidades. Me he dado cuenta que uno es muy valioso, porque la verdad es que hasta 2 personas de la misma edad, mismo trabajo, mismo sexo, misma situación, misma hora, mismos segundos, mismos minutos, mismos tamaños, hace cosas diferentes, habla diferente, lo dice de modo diferente, lo dice con una voz diferente, se mueve diferente, entonces todos somos diferentes pero no en una cosa si no en todos los aspectos aun que físicamente nos veamos iguales, pues somos como productos pues podemos tener envolturas de Liverpool, de McDonald's pero cuando nos abren todos somos diferentes, servimos para diferentes cosas, tenemos diferentes misiones, tenemos duraciones diferentes por eso me he dado cuenta que nada es reja, no te mueres a los 90 años como todos, no te casas como todos, sino te mueres como tú, te mueres a tu manera y vives a tu manera.

Ama a toda la gente pues date cuenta de que podrán hacer cosas muy malas pero también pueden hacer cosas muy buenas que tal vez tú no las puedas hacer y hay que enorgullecernos de todos, pues todos tienen habilidades maravillosas.

El perdón no es solo una palabra sino también es un regalo. Ahora les voy a contar un cuento: había una vez un rey que puso una piedra a medio camino para ver que hacia la gente. Muchas personas veían la piedra y se iban, pero un día llego un campesino y el ver esta piedra paro su caminar y la movió a la orilla, al rato vio una bolsa con monedas de oro debajo de la piedra y una carta del rey y este joven aprendió esto: que cada obstáculo representa una oportunidad para mejorar nuestra condición.

Mucha gente cree que no existe la persona perfecta y la verdad es que si, la verdad es que todos somos perfectos, pero al decir esto no quiere decir que no nos equivocamos, sino al decir esto es que una persona perfecta es una persona que tiene cualidades y defectos.

Es una persona que es feliz, es una persona autentica, una persona confiada, solo el hombre que nunca se equivoque no es perfecto y sabes algo no existe uno así, pues al equivocarnos aprendemos, mejoramos y perfeccionamos la persona que somos.

Te invito a que hagas de tu vida una aventura, lucha por lo que deseas a diario, lucha por tus metas. No te conformes con lo que has hecho siempre trata de hacer más cosas y de lograr más cosas a diario.

Mucha gente cree que la paz es mundial y que las guerras son causadas por que no hay paz entre los países, pero la verdad es que el único que te puede dar esa paz que tanto necesitas eres tú mismo. Así que la verdadera causa de las guerras y de que no haya paz es: que todas las personas que están metidas en la guerra no tienen paz con ellos mismos, ellos están peleando con ellos mismos y para sacar toda su ira con ellos mismos se pelean con los demás, la guerra no es con los demás, sino es con uno mismo y si uno están tranquilo con uno mismo no tiene por qué haber guerras, pues recuerda que el mundo es como un espejo tuyo, así que si tú te sientes feo pues ves al mundo feo, pero en este caso la gente siente ira con ellos mismos y la sienten con el mundo también. Te pido que pidas que cada persona tenga paz consigo mismo. Tenerse paz con uno mismo es amarse, es tenerse amor, tranquilidad, y recuerda que si uno tiene paz con uno mismo uno tiene paz con el mundo.

Si todas las personas se amaran y amaran a las demás no habría guerras.

Disfruta todo porque no sabes si mañana lo podrás hacer.

Sospechar es jugar con el mundo y es crear ideas que ni estamos seguros que sean reales. Es sufrir lo anticipadamente o disfrutar lo anticipado sin saber si es real o no lo es.

Cuando alguien no te quiere y tu querías que te quisiera, nunca lo vas a poder convencer de que te quiera, y aunque sé que duele mucho esto es mejor que te concentres en los que si te quieren, pues de nada te sirve estar triste por algo que nunca pasara.

La vida es como un sueño maravilloso

La vida es como un sueño, así que no le tengan miedo a la muerte pues la muerte es como si despertáramos de un sueño y además nuestra meta en la vida es llegar al cielo y empezar a vivir y dejar de soñar, que eso es lo que hacemos en la vida, y como es un sueño la vida quiero que estés muy segura de que todo es posible en esta, así que todo lo que desees es posible.

Cuando un familiar, conocido, amigo, entre otros se muere, la verdad es que no se muere lo que realmente pasa es como: es como si este se fuera a otro país a vivir en el cual ya no se tiene que preocupar por las enfermedades porque este país es divino, pero uno solo obtiene el boleto de pasaje a ese lugar cuando uno ya haya logrado todas sus metas. Sé que uno puede extrañar a esa persona que se ha ido a ese lugar pero hay que darnos cuenta que hay otras personas como tú que aún no han logrado su misión, aun no se merecen tener ese boleto, entonces tu puedes ayudarlos, pues son con los que vas a estar en lo que cumples tu misión y no te puedes detener a pensar en tu otro ser querido que ya se fue a ese porque cada segundo menos es cada segundo menos para lograr nuestras metas, y aun que muchos se "mueren" ́porque ya cumplieron su misión no quiere decir que tú no debes dedicarte a lograr la tuya por que la puedes hacer, pero si le dedicas poco tiempo lograras poco y si le dedicas mucho tiempo lograras hasta lo imposible, así que si un familiar, amigo o conocido se muere no te detengas, llora un poco y saca todo lo que sientes pero luego sigue tu camino para que logres mucho.

Para lograr obtener un boleto para ir a ese lugar que ya te he mencionado tienes que pagar igual que como pagas por un boleto para irte a cualquier lugar, solo que este boleto se paga con diferentes cosas como: lograr tu misión, una enfermedad, retos y problemas que se te aparezcan durante esta vida, ayuda a los demás, talentos, etc., pues este boleto se paga con acciones pues recuerda que para Dios el único dinero es el amor y las acciones milagrosas hacia los demás.

Por experiencia propia yo te aconsejo que procures actuar lo mejor posible con toda la gente pues uno no sabe si el día de mañana ya no los podrá ver por qué ya se murieron y uno ya no les pudo pedir perdón por todo el mal que les hizo, ni hacer las paces con él pues lo único que hicieron con esa persona fue enojarse con esta y eso hace que uno se sienta mal, por eso trata de entender a todas las personas todo el tiempo para evitar peleas porque puede ser que un día te enojaste con esa persona y ya no la vuelves a ver hasta dentro de 70, 80,90 o 100 años, todo depende de cuando nos den el boleto al otro país o lugar y ya hayamos logrado por lo menos un poquito de nuestra misión.

Si estás buscando que alguien te de rosas o te diga que te ama, no tienes que seguir buscando, mejor hazlo tú, tu date rosas, tu dite a tu misma/o que te amas y te juro que en el mejor momento llegara alguien que te haga esto pero ya no busques, ya no dependas de nadie, pues veras que con esto ya no vas a necesitar de nadie. Tu no ganas en una cancha, en un partido o en un concurso, sino tu ganas en tu corazón, pues la mejor de las ganancias es la del corazón y cuando en tu corazón ya hayas ganado ahora si vas a ganar en un partido, en un concurso, o en una cancha o torneo, así que primero gana en tu corazón. La manera de ganar en el corazón es: creyéndose ya campeones, amando y confiando en nosotros mismos.

HAZ LAS COSAS CON EL CORAZÓN Y VERÁS QUE BIEN TE SALDRÁN

Mucha gente te dice que hagas las cosas con la cabeza pero yo te dijo que las hagas con el corazón, con el vas a saber lo que es preciso que debes hacer y lo mejor.

Aun no comprendo por qué solo dedicamos un día como: el día del amor y la amistad si solo es una fecha, pues nuestro corazón que es el que ama no dice: hoy es el 14 de febrero hay pues hoy si voy a amar a todas las personas". El corazón ama sin importar la fecha, hora, día pues así es el corazón, así que por qué no decir que todos los días son los días del amor y la amistad, así que no te dediques a decirte que como este día es el día del amor y la amista solo este día voy a amar a todos y a decirles a las personas que amo que las amo, solo hoy voy a declararme a la chica/o, mujer/ hombre que amo, y en vez de esto mejor hazlo el día que tu corazón lo desee hacer. Porque realmente amas y no esperas recibir nada.

Haz las cosas con el corazón, con el alma, con lo mejor de ti y veras que bien te van a salir las cosas.

Si en tu vida hay algo que no te gusta pues deja de hablar de esto y con el tiempo se te olvidara pues seguir hablando de esto solo lo empeorara. Si estas enferma y quieres curarte visualízate y siente como si estuvieras sana y así con el tiempo te curaras.

Si crees que algo en tu vida va a cambiar estas equivocada pues si tú no cambias tu vida nunca cambiara por si sola. Nadie te puede decepcionar, pues solo tú puedes decepcionarte de ti mismo o permitir decepcionarte de algo que alguien ha hecho.

Sonríe, muestra aquello que eres sin miedo. La vida nos roba muchas veces a nuestros seres amados y la muerte solo nos inmortaliza en el recuerdo. Si piensas y sientes que todo perdió su sentido siempre habrá alguien que te quiera.

Aunque cuando muera ya no pueda hablarte, mi corazón seguirá llamándote.

Si ayudo a alguien a tener esperanza cuando no la tenía, entonces no habré vivido en vano, al contrario mi vida habrá valido la pena.

Cuando estés enojado primero ve la causa y el problema que hizo que te sintieras de esa manera y luego resuélvelo para que así lo dejes de estar. Recuerda que tú tienes que amar interiormente. Te prometo que para lograr tus sueños no necesitas habilidades o dinero, sino necesitas un buen plan y confianza interior en ti.

Si quieres ser feliz olvídate de ver si la vida es justa, pues solo vívela y ya y veras que serás feliz sin tenerte que preocupar.

Muchas veces tendemos a decir:" Mi trabajo no funciona, entonces voy a renunciar", pero no se dan cuenta que el problema no es su trabajo pues si no cambiamos nuestra forma de ser en el siguiente empleo nos va a pasar lo mismo y va a ser un círculo vicioso, entonces nunca vamos a aprender.

Sabes si llegas a tener miedo de hacer lo correcto, de ayudar a alguien o de hacerle un favor, no te detengas pues aunque nadie lo hace o casi nadie lo hace no va a querer decir que hacer esto no sea lo correcto, así que pon valentía y hazlo porque tú quieres hacerlo y por qué para ti eso es lo correcto que debemos hacer.

A Dios no le importara si haces cosas grandes, sino lo que realmente le importa es si amas porque muchas cosas pequeñas valen más que una grande. Si amas vas a poder lograr grandes cosas sin miedo y sin problema, solo porque tú lo deseas. Haz por amor las cosas grandes pues no las hagas para que te vean y te reconozcan, sino hazla para que tu solo te ames, te reconozcas y te veas como alguien maravilloso/a.

La verdadera maravilla es la conversión y no la curación de una enfermedad, pues la conversión es como la curación de todas las enfermedades de la vida y de las celestiales y además esas son las eternas, pues nuestra alma o espíritu siempre vive.

Ama por favor, haz todo porque tú lo has decidido pues con la única persona, pensamiento y alma que siempre vas a vivir es contigo mismo y si tú no te haces caso pues siempre te vas a sentir mal y solo haciendo lo que tu corazón te dice vas a poder actuar como tú mismo.

La vida es como un laberinto en el cual cuando nacemos Dios nos da las llaves correctas para lograr nuestros sueños. Cuando quieras lograr un sueño, obtener un trabajo, hacerte novio/novia de alguien y no obtienes ese trabajo, no logras ese sueño y a ese alguien no le interesas, no quiere decir que nunca obtendrás un trabajo, una meta, un sueño ni un novio o novia, sino quiere decir que ese trabajo, esa persona y ese sueño o meta son la puerta equivocado, pues no tienes ninguna llave para entrar a ese empleo, a ese sueño o al corazón de esa persona. Cuando seguimos necios en conseguirlo y después de mucho no se abrió debes tomar otra puerta y seguir por el laberinto con tus llaves, pues créame que por más que intentes gustarle a alguien y no le atraes desde el inicio quiere decir que no tienes las llaves para esa persona, entonces quiere decir que no pasara nada, pero no te deprimas por esto pues después con tus llaves encontraras la puerta correcta del amor, del empleo, de los amigos, de los sueños, de los deportes, entre otras. Nunca tires y tires de una puerta de tal laberinto si ya usaste todas las llaves pero eso si nunca dejes de buscar en cada puerta si tienes la llave para abrirla, pues tal vez nunca abriste la puerta que iba a ser la más bonita e importante de tu vida, pues no te diste la oportunidad de abrirla, así que trata de abrir todas y te prometo que alguna de estas será la indica en todos los aspectos.

Dios siempre te da las llaves necesarias para que llegues al camino correcto de tu vida. Dios nos dice: "nada de afuera puede dañar al hombre, pero cualquier cosa de adentro lo puede dañar mucho". Lo que se quiere decir es que la única persona que te puede dañar eres tú mismo con tus propios pensamientos. Lo bonito es que cualquiera te puede amar pero nadie te puede dañar si en tu interior no se permite, pues al tratar de dañarte solo se dañan ellos mismos.

Si crees que tienes problemas con alguien estas mal pues solo tú eres el problema de tu vida, tú y tu propia mente y alma.

"Amar es más que una experiencia maravillosa pues realmente por amor fuimos creados. El amor nunca va a conocer el final, pues el amor es vida y solo el que ama puede vivir de verdad. Amar es amar sin reglas y sin prejuicios, amando solo por lo que es. Por amor podemos lograr todo".

Nunca dejes tus sueños pues al dejarlos es como si te encerraras en una caja o como si guardaras en un cajón al amor que es la luz de la vida.

Mucha gente desea que le pase un milagro y no se dan cuenta de que ellos se pueden convertir en él, por ejemplo: si quieres a alguien que ya está muy enfermo pues está en fase terminal, tu puedes hacer que se cure, pues ora, reza o confía y logra ese milagro que esperas, pues no esperes, si no haz todo lo que puedes hacer para lograr ese milagro.

Si buscas que alguien te amé, pues amate y así ya no buscaras a nadie para que te amara.

Siempre estírate más de donde estas pues hasta el último segundo de tu vida puedes mejorar.

Ten un corazón confiado en ti y en los demás y veras los maravillosos resultados que llegaran.

Que no te importe lo que la gente crea o diga de ti pues créeme tu eres el perfecto tú y además tu eres con la única persona con la que vas a vivir siempre por tal nadie te conoce más que tú.

SE TÚ MISMO

He aprendido que al paso de los años nos vamos convirtiendo más como realmente somos y empezamos a tener nuestra propia identidad o nos empezamos a convertir cada vez más en una copia de los demás. Si tienes 5, 10, 30, 90,80 años quiero que estés orgulloso/a de esa edad que tienes por que recuerda por el simple hecho de haber nacido ya eres todo un milagro, pero también quiero que reflexiones y te des cuenta si con el paso del tiempo te has vuelto más auténtico o te has hecho una copia de los demás, pero si tienes muchos años y no eres una copia de los demás, quiere decir que ya tienes tu identidad, que lo más seguro es que ya cumpliste tu misión y por esta razón sabes más sobre cómo vivir siendo tú, pero si tienes pocos años también debes estar orgullos pues apenas vas a conocerte y vas a saber quién eres y además te faltan muchas cosas por descubrir y te doy un consejo no te dejes influenciar por los demás, no te preocupes por pertenecer a cierto grupo, preocúpate por ser tal cual eres y ser feliz sin importar si a los demás les parece como eres.

Haz en tu vida lo que se te haga correcto, no le que se le haga correcto a tu amigo/a, mamá, papá, novio o esposo/a pues el que está creando la historia de tu vida eres tú mismo.

Si no puedes ver, caminar, oír o hablar te prometo que estas bendecido con otra habilidad que no cualquiera tiene.

Ten un corazón confiando en ti y en los demás y veras los maravillosos resultados que llegaran.

Hay que amar sabiendo que un día a se pueden ir y yo sé que es feo que se nos muera un familiar o alguien conocido pero hay que estar felices también cuando se mueran por qué quiere decir que ya cumplieron su cometido y que ya están descansando y debemos saber que no es una despedida definitiva, sino momentánea.

La vida es como una obra de teatro, pues solo la haces una sola vez y cada movimiento y pasa que hagas cuenta. Cada error que hagas no lo puedes borrar de tu mente pero lo puedes corregir con una buena actuación, al igual que en la vida.

Les voy a contar una pequeña historia: Estaban dos amigos en la playa y uno de los dos le hizo mucho daño al otro por tal motivo al amigo que dañaron agarro una piedra y ahí escribió las cosas buenas que le hizo su amigo y luego fue a la arena y escribió las cosas malas que le hizo su amigo, pero en unos segundos las olas se llevaron lo que escribió en la arena. Su amigo confundido le pregunto: ¿Por qué escribes lo bueno que te hice en una piedra y lo malo que te hice en la arena? No entiendo. Su amigo al oír lo que le pregunto le dijo:" Mira pues escribí lo mal en la arena porque sabía que se iba a borrar cuando pasara el mar y escribí lo bueno en un piedra porque sabía que nada lo iba a borrar, y esto es lo mismo que sucede el mar es como el perdón y la roca representa la ayuda y el amor que nos da cada acción buena que hacemos. Lo malo se borra con el perdón y lo bueno nunca se borrar, pues cuando nos hacen algo bueno se quedan marcadas en nuestra alma como un tatuaje.

Por eso te quiero decir que no importa las cosas malas que hagas, sino las cosas buenas que hagas. Recuerda que siempre nos podemos equivocar para aprender, pues a veces de una mala acción que se borra podemos aprender y de ahí pueden salir muchas buenas acciones que nos favorecen y se nos quedan tatuadas en el alma por toda la vida. Recuerda que cuando vayas a ese país tan maravilloso que es el cielo Dios no te va a preguntar: oye ¿Cuantas acciones malas hiciste? En cambio si te va a preguntar: ¿Cuantas acciones buenas hiciste en la vida?

Siempre cumple tus metas y retos, pues creo que es muy importante para todos que las cumplas porque nadie tienes esas metas más que tú y por tal motivo nos van a ser de beneficio a todos, pero el que más se beneficia de estas eres tú mismo.

No creas que porque alguien hace cosas parecidas a las tuyas ya no tienen valor las tuyas, al contrario tienen mucho valor pues haces que la gente se una al hacer cosas muy parecidas, se ame, se haga un equipo y viva muy feliz toda su vida sin que le hayan dicho que lo tenga que hacer, siendo feliz a su manera y de ahí surge el amor, de ahí surge la vida y de ahí surge todo, por eso digo que todo es muy importante en la vida.

No te pegues a nadie ni a ninguna cosa, no creas que sin esto o sin el otro no puedes vivir por que no sabes si el día de mañana ya se fue al otro país o ya no sirve, por tal motivo vive cada día como si fuera el único, el primero y el ultimo, duérmete cada día después de que te hayas quedado con la conciencia limpia, disfruta cada hora y siempre pide perdón para no quedarte con ningún resentimiento.

Haz todo lo que puedas hacer ahorita por tus familiares, amigos, compañeros, vecinos para que el día que ya no los vuelvas a ver no te quedes con el remordimiento de que no hiciste las cosas bien o de que te falto hacer algo bien.

Si te quedas con las ganas de hacer algo y no lo haces te frustras y te sientes mal.

EL SER HUMANO ES UN SER AMOROSO POR NATURALEZA

El amor no es ni obtener, ni tener derechos, sino es darse por completo y con todo y no es recibir y aun así recibimos sin esperar recibir y ganamos por que el amor de verdad puede ser feliz y gana, sin tener que ganar nada, gana por que ama, gana por que no espera ganar, gana porque es feliz, gana por que se dona y se da por completo.

Podemos ser buenos escritores, buenos actores, buenos ingenieros, buenos maestros, buenas enfermeras, buenos médicos, entre otros, pero hay una cosa que todos tenemos en común somos seres amorosos que tenemos amor por tal motivo nuestra naturaleza es amar a todos sin querer que nos amen.

Dedícate a dar a los demás pues mientras más das a los demás más tienes y cuanto menos des a los demás menos tendrás.

Cuando amas a una sola persona tu amor no puede ser tan rico, cuando amas a dos se vuelve más rico, mediante vayas amando a más personas tu amor se va haciendo más valioso, y si podemos amar a toda la gente porque son nuestros hermanos entonces nuestro amor será inmenso y con el seremos toda la eternidad felices y esto hará que sea más fácil para nosotros hacer buenas acciones.

Con el amor empezamos a conocer a las personas, y es muy chistoso como uno dice: "yo conozco a esa persona". Cuando la verdad es que entre más estamos con ellos más misteriosos se vuelven, así que nunca vas a conocer a nadie por completo, pues al único que si puedes conocer por completo es a ti mismo, y la única persona que te va a conocer es Dios.

La capacidad de estar solo es la capacidad de amar, por que amas tanto que no tienes que estar con nadie, tú quieres que nadie este solo pero a ti no te importa estar solo.

En la vida tú no eres esa persona que dices ser, tú no eres una hija, ni una mamá, ni un ingeniero, ni nada, tu solo eres amor, tu solo eres un ser espiritual muy puro y valioso que está haciendo un papel de doctor, uno de hija, uno de estudiante, dependiendo de lo que Dios nos haya elegido interpretar.

La soledad no tiene nada de mal, la soledad quiere decir plenitud, quiere decir que no necesitas de nada, ni nadie y es verdad tu eres un todo que no necesita que lo completen, pero no estamos solo muchas veces no porque necesitamos ser completados, sino porque queremos compartir nuestro todo con otro todo y de ahí nace el amor, el amor no completa sino comparte, sino hace que vivamos felices. Compartir te hace sentir más integrado, más orgulloso, más feliz, pero no nos hace sentir como una necesidad.

Cuando el amor se eleva a las alturas y se hace muy fuerte, este se vuelve libertad, el amor no tiene que ser una esclavitud, el amor no tiene que hacernos decir:" solo te puedo amar a ti". Cuando el amor se hace un esclavo deja de ser amor, porque el amor es libertad.

Si amas a una persona ayúdala a que no necesite de nadie que con solo si mismo/a se sienta completo, se siente un todo que vale la pena al máximo. Recuerda que amar es ayudar, pero también es ayudar al otro a que ame de verdad y a que se sienta suficiente para vivir feliz toda su vida, sintiéndose un todo.

Si tu amor es valioso y es real el odio lo hará más fuerte, pero si es imaginario el odio lo destruirá, pues recuerda que el odio es también amor, pero es un amor que no se quiere poner en práctica, pues lo único que realmente destruye al auténtico amor es el miedo. Te acuerdas de los dos amigos que van a la playa y uno de los dos escribe lo bueno que le hizo su amigo en una piedra y lo malo en la arena, pues así pasa con el odio y con el amor, el odio viene y va y el amor permanece y lo único que hace el odio hacia el amor es fortalecerlo, pues el odio es como las olas del mar y el amor es como la arena, pues la arena puede estar siglos en el mar pero las olas van y vienen, y solo fortalecen más a la arena, por ello te invito a que seas como la arena, y así nunca dejes de amar a quien tu amas de corazón.

La vida es como una película, pues tu eres el protagonista de tu propia vida (película), en la cual hay personajes secundarios (tus conocidos, tus familiares), además tú eliges tu vestuario, tu escenografía, tus personajes secundarios, tú eliges como es tu protagonista, tú eliges si va a ser una película de comedia, una de aventuras, pues tú eliges lo que vas a vivir, y como en todas las películas te equivocas pero nadie se entera de tu error porque luego lo corriges y pones algo mejor, recuerda que tú siempre vas a ser el autor, director y protagonista de tu película, así que si alguien trata de molestarte y tú no lo quieres poner en tu película, pues no tiene que estar, por tal motivo como eres protagonista siéntete importante.

Deja de hacer lo mismo siempre, hay que empezar a hacer cosas diferentes.

Entre más personas ames, más amas. Fíjate en que es realmente amar antes de decir que amas, pues alguien que ama porque lo aman puede que este amando solo si realmente desea lo mejor para el otro puede ser que si ame, peor ni tiene que amar por que recibe amor del otro. Tú no tienes la responsabilidad de amar a nadie, si no ama a quien tu corazón quiera.

En la vida no hay nada permanente, recuerda que si un día amas a una persona y con el paso del tiempo ya no la amas quiere decir que nunca la amaste, porque el amor no acaba.

El amor es el camino más sencillo y hermoso de la vida, que con solo nacer uno lo puedo recorrer, pues hasta un niño chiquito lo puede recorrer, a veces creemos que amar es lo más difícil, pero dejar de amar es el camino más difícil de la vida. Cualquiera puede amar, pues amar es disfrutar, amar es ser feliz. Todo lo que te de libertad es correcto y lo que no.

Recuerda que tienes que hacer lo que sea correcto para ti, pues si vives solo escuchando lo que los demás te digan que es lo correcto pues nunca vas a vivir la experiencia de vivir como tú, pues nadie es como tú y si quieres vivir realmente bien y feliz tienes que hacer lo que tu corazón diga que es correcto.

La confianza vence todo, pues puede ser que te de miedo algo pero un día que tengas confianza podrás lograr hasta lo imposible.

¿Por qué amamos más a otras personas que a otras?

El amor es una relación en la que uno quiere lo mejor para el otro pero si decimos que solo debemos amara a nuestros padre, amigos y a quienes nos correspondan nos amen y nos ayudan.

¿Realmente estamos amando? Estoy de acuerdo que amemos a nuestros familiares, amigos, novio/a, esposo/a, pero hay muchas personas maravillosas que no conocemos y que necesitan amor y ellos no nos van a corresponder desde el inicio pero tal vez con el tiempo ellos nos lleguen a corresponder y empiezan a amar a otras personas y así crearemos un círculo de amor.

Todos necesitamos de todos. Necesitamos de todo tipo de gente, gente enemiga para aprender de ella y así tenerle amor. Si te das cuenta cada persona te deja una enseñanza muy interesante.

TEN UNA VISIÓN POSITIVA ANTE LA VIDA Y HAZ CAMBIOS EN TU VIDA

Adáptate a todo pues si no te va a pasar como a los animales. Todos los animales que no se adaptan a los cambios y no evolucionan se mueren y se extinguen, así que si tú no te adaptas con la gente en algunas situaciones pues te vas extinguiendo, de otra manera vas a desaparecer pues la revista, la blusa, la mercancía, entre otros que antes servían en unos años ya no van a servir, pues ahorita la gente va a querer diferentes cosas. Por ejemplo: una empresa cambia y va produciendo diferentes mercancías, sino puede desaparecer y lo mismo pasa contigo o cambias tu forma de ser, de actuar y vas modificándote cosas o vas a desaparecer, pues el mundo no va a necesitar siempre lo mismo de ti, así que cambia pero siempre para bien y cuando el mundo ya no te necesite te iras al otro país fantástico y maravilloso.

Tu vida se debe a tus cambios, así que cambia todo lo que puedas pero siempre cambia a tu manera pues si de todas maneras tú te vas a extinguir porque al cambiar tu personalidad tratando de ser otra dejas de ser tú.

Aprende de todo lo que hagas y disfrútalo hasta el último momento. No importa si estas a punto de morir, tú disfruta tu vida. Por amor podemos cambiar al mundo. Uno no necesita dinero para cambiar al mundo, uno solo necesita de uno mismo para cambiarlo. Todos tenemos un botiquín en el corazón, que con este botiquín podemos cambiar al mundo, pero el cambiar al mundo empieza con cambiarnos a nosotros mismos, inicia con cambiar a tu prójimo y cuando lo hayas logrado vete más lejos.

Tal vez has sentido que tu trabajo no es muy divertido o que no lo disfrutas tanto, por eso yo te aconsejo que cambies de trabajo y de rutinas para que así encuentres lo que realmente te atraiga.

¿Por qué a veces decimos que nosotros no podemos hacer algunas cosas? Bueno es obvio que hay cosas que te cuestan más trabajo que otras. Tal vez seas buen pintor pero eres mal escritor, pero eso no quiere decir que no puedas escribir un libro...

Veo que cada persona es como un regalo mucho más hermoso que toda la vida.

Si mejoras la dificultad va aumentado pues te imaginas que mejoraras y que te quedaras ahí ya no habría otro reto, la vida siempre empezaría a ser aburrida y perdería sentido, por eso uno nunca puede dejar de mejorar porque ya no tendría sentido nada.

A veces cuando llegues a tener retos muy difíciles relájate, medita y espera tranquilamente, sobre todo ten fe en lo que puede pasar es lo mejor y ponte muy feliz, así que relájate y te llegara el mejor resultado, pero recuerda que no siempre el resultado es el que tu querías pues no siempre el resultado que querías era el mejor que te podía pasar. Todo es para algo bueno completamente. El mejor lugar en el que puedes estar es donde estas.se feliz siempre sin importar nada.

Recuerda que siempre que te equivoques debes de evaluar lo que hiciste mal y ver qué es lo que debes hacer. Tienes que ser fuerte ante tus debilidades sin importar cuales sean para que así las puedas vencer y recuerda que siempre tienes que tomar la responsabilidad de tus actos. Recuerda que todos nuestros actos son lecciones, si hacemos algo malo aprendemos a ya no hacerlo y si hacemos algo bueno aprendemos a hacer mejor las acciones buenas.

Equivocarse es bueno, es algo de lo más natural del hombre pues recuerda que nosotros podemos perfeccionar y solo equivocándonos lo podemos lograr, gracias a nuestros errores podemos evolucionar, mejorar, así que nunca te estreses cuando te equivoques en lo absoluto.

El amor es Dios, es todo lo bueno, esto todo lo hecho por Dios, amor es vida inmortal, amor es el arma que hace que hagamos cualquier cosa. El amor es gratis pero vale más que todo el dinero del planeta tierra, por ello te invito a que de ahora en adelante te dediques a dar amor y no solo a dar cosas materiales a quienes quieres.

Amar es gozar, amar es amarse y amar al otro. El que ama de verdad no siente ni envidia, ni celos. El que ama no necesite ni desea que el otro lo ama pues solo ama por que ama, y no "ama" por amor, el amor no busca conveniencia, cuando ames a alguien sabiendo que ese otro te ama y te da cosas y si no lo hiciera, sin lo importaras, sino te diera flores, ni chocolates, ni nada te pondrías a lloraría y dirías que lo odias y que ya no te ama, entonces déjame decirte que no amas por qué quieres que te amen y eso quiere decir que no te amas en lo absoluto. Recuerda que el mundo es como un espejo así que si te sientes feo/a y no te amas pues toda la gente te va a ver feo/a y no te va a poder amar en lo absoluto.

El hombre es como un regalo de Dios que llega a la tierra y como todos los regalos tiene su envoltura (el cuerpo, cara). A lo largo de su vida la gente ve su envoltura y se dice que está muy feo, pero este sujeto tiene amigos, amigas, y una novia, pero uno dice pero como este chico tan feo puede tener novia, amigas y tantos amigos, pero la verdad es que cuando sus amigos decidieron ser sus amigos nunca se fijaron en la apariencia física de su amigo, sino se fijaron en la manera de ser de este, se fijaron en su manera de pensar y en lo que decía, y por tal se dieron cuenta de que este sujeto era muy bello y muy lindo y que valía la pena completamente, porque la verdad es que la bella que uno puede ver cuando se mira al espejo no sirve de nada, porque uno no puede hablar, ni pensar, ni actuar, ni lograr tus sueños, ni amar, etc. pues esta belleza se va a hacer polvo con esa belleza, pero a veces pasa al revés, que tú dices que feo esta este señor o esta señora, pero si los conoces te puedes enamorar de ellos. pues recuerda que realmente esta no es real, aunque a veces nos sirve para que tengamos mejor autoestima, pero no necesitas ser muy bello físicamente para que la gente te pueda amar o para que tú mismo te puedas amar, por ello no le hagas mucho caso al físico para sí tenle un poco de aprecio.

Quiero que te ames y quiero que de ahora en adelante abras muy bien tus ojos.

NUESTRA BELLEZA NO SE BASA EN NUESTRA ENVOLTURA

La gente no se da cuenta de que somos regalos que a la vista podemos ser grandes, hermosos, divinos (por la envoltura), pero cuando nos quitan nuestra envoltura nos damos cuenta de que no somos tan bellos y de que tenemos de mejorar y cambiar, actuando con más tolerancia, más paciencia, más solidaridad, más amor, etc.

Recuerda sonreír a los demás, pues la paz entre las personas comienza con una linda sonrisa.

Cuando te dan un regalo es muy común que te fijes en lo primero que ves que es la envoltura, y entonces si ves que esta envoltura está muy grande o si tiene un color muy bonito, pues entonces te emocionas, pero la verdad es que no te debes fijar en lo primero que ves en ese regalo pues la envoltura no tiene nada que ver con el contenido, dices que está muy grande, o muy feo o muy chiquito o que no pesa nada, pero no se dan cuenta de que su peso, tamaño, forma, belleza y color solo se puede conocer cuando se oye y no cuando se ve pues Dios que es la más grande maravilla no se puede ver pero podemos saber que es bello por sus maravillosas acciones, no quiero decir que si tu envoltura es bella es obvio que tu regalo va a ser feo, sino lo que quiero decir es que hay que fijarnos más en el regalo que en la envoltura porque total siempre lo que hacemos con una envoltura es romperla y tirarla a la basura lo mismo pasa con la gente, pero con esto no te quiero decir que si eres físicamente bello, entonces tienes que ser feo espiritualmente, sino lo que quiero decir con esto primero hay que fijarnos en la manera de ser de la persona, porque no siempre lo primero que vemos nos puede decir si la persona es bella o no, si la persona es sangrona o no, si la persona es débil o no, si la persona es tímida o no, si la persona es fuerte o no, si la persona es inteligente o no, si la persona es... o no.

En conclusión nunca escojas a nadie por su envoltura, ni te enamores de alguien por lo que ves, pero mucho menos te digas que no te amas porque estas feo o que nadie te va a querer porque estas feo, porque la verdad es que por solo ser humano eres bello y tienes un valor muy alto y además eres tan bello como tú, porque tú siempre vas a tener cualidades que la gente te puede admirar, aunque tengas defectos y solo por eso ya eres bello, pero imagínate que además de esto tu amaras a las personas y te empezaras a sentir bello, entonces la gente te va a ver más bello.

Recuerda que esta belleza la creas tú y además la puedes crear sin ningún precio.

La apariencia se pudre pero el regalo, la persona, el alma es tan inmortal como Dios, tan bella como él. Tú no eres amigo, novio/a, esposo, entre otros de esa envoltura sino de ese regalo, pues solo podemos hablar con el regalo y no con la envoltura. Por qué puedes decir esto: "No tengo novio/a por que soy fea/o". En vez de decir: "No tengo novio/a por que soy un regalo vacío, soy un vaso sin agua, porque soy una persona sin amor, porque no puedo amar de verdad y por qué no soy el tipo de regalo ideal para esta persona, o tal vez porque esta persona no me conoce lo suficiente, pero no porque sea una persona fea y que no valga la pena, así que no me importa lo que piense".

No permitas que seas un vaso vacío, un vaso que está muy bonito pero no sirve de nada porque no tiene agua, ni jugo, ni otro líquido y es lo mismo que pasa con la gente, pues puede ser que seas un hermoso vaso de un color divino pero si no tienes ninguno liquido (amor, compasión, valentía, responsabilidad, obediencia, alegría, creatividad, generosidad, caridad, entre otros) pues entonces no me sirves de nada. Una persona sin amor es como un vaso sin agua, es como una vela sin luz, es como una lámpara sin foco, es como un rio sin agua, es como un mar sin arena, es como un sol sin luz, no sirve de nada en absoluto.

¿QUÉ ES LA MUERTE?

Bueno pues como ya saben la muerte es como un maravilloso viaje, es como despertar de un sueño que es la vida, es como una separación del cuerpo y alma. Cuando te mueres te separas de tu envoltura y esta se pudre y deja de servir pero tu regalo (alma) sigue viva y se va al cielo.

La muerte es como ganar el juego de la vida, es dejar tu mascara e irte al cielo, es ganar tu batalla (la vida) y lograr tus metas. La muerte es como romper tu propio cascarón (tu cuerpo) y empezar a descubrir la belleza del cielo.

¿Qué es la vida?

Nosotros tenemos 2 tipos de vida, la vida terrenal que es en la que somos inmortales y la eterna en la cual somos inmortales. En la vida terrenal logramos nuestros sueños, tenemos un cuerpo, podemos ayudar, crear, soñar, lograr metas, etc. Lo que quiero decirte con esto es que "valores tu vida", tú solo tienes una vida para lograr todos tus sueños y metas. No te detengas a decir:" mañana hago las cosas". Mejor hazlas hoy, por que recuerda que es tu única vida, tu única oportunidad para lograr todo.

Solo tienes una vida para lograr tus anhelos, una vida que si la desperdicias no podrás nunca lograr tus sueños, tu solo tienes y tendrás por toda la eternidad un solo estuche, cuerpo o apariencia física como quieras decirlo, entonces en el estado que este quiérelo, gózalo, amalo y saboréalo porque solo tendrás uno para lograr tus metas y sueños en la vida y no lo puedes desperdiciar.

La vida es como un juego maravilloso en el cual uno tiene sus retos y sus metas, es un juego en el cual uno tira sus propias fichas a diario en cada acción que haces. La vida tiene su propio tablero en el cual uno tiene sus propios caminos para decidir a donde ir, uno puede decidir ayudar a los demás, también uno puede decidir mejorar o empeorar, matar, robar, hacer las cosas bien o hacer las cosas mal.

En este juego (la vida) tu tomas tus propios caminos, uno decide hacia donde ir o hacia donde dar la vuelta para llegar a tu propia meta. Dios te hace tus retos en tu juego de la vida y tú decides si avanzar o retroceder o avanzar un paso, o dos o vencer tus retos, entre otros.

¿Y qué pasa cuando ganas ese juego (La vida)? Te mueres, ganas el paraíso, ganas el boleto hacia ese país sin enfermedades, obtienes ese premio. ¿Entonces morir no es un castigo? No para nada, porque cuando uno muere uno ya no se enferma y uno tiene el privilegio de ver a Dios.

Hay que darse cuenta de que si vemos a alguien solo aun que no lo conozcamos hay que tratar de saludarlo y de preguntarle si le gustaría nuestra compañía, porque imagínate que tu estas solo y de repente llega alguien que te saluda y te acompaña, no te sentirías feliz??? Les voy a contar una pequeña historia: había una vez un señor que estaba muy enfermo y estaba solito todos los días pasaba un joven por el hospital, hasta que un día al ver a este señor solito se fue con él y se puso a platicar, las enfermeras veían al jovencito muy feliz platicando con el señor y se quedaron tan felices que el jovencito se durmió ahí mismo y al día siguiente el joven se despertó y lo primero que vio fue a las enfermeras con lágrimas diciéndole: "buenos días jovencito como esta, siento decirle esto pero su padre ha fallecido." Al oír esto el jovencito les dijo: "buenos días se los agradezco pero él no es mi padre, es más ni siquiera lo conozco, es más es la primera vez que lo veo en mi vida". Este pequeño cuento nos habla sobre cómo debemos de actuar hacia una persona, porque además recuerda que el mundo es como un espejo de ti, pero también es un reflejo de tus acciones, así que este refleja todo lo bueno y todo lo malo que tú haces por los demás y si tu hiciste algo bueno a ti te sucede algo bueno, pero si hiciste algo mal a ti te sucede algo malo, así que si tu acompañaste a alguien en su soledad, cuando tu estés solo alguien te acompañara en tu soledad.

¿Quién es Dios?

Dios es como la arena en la playa, como el barro en una vasija de barro, como las pilas en un control remoto, como el agua en el mar, como el oxígeno para la gente, pues Dios es vida, Dios es amor, Dios es como el aire que no lo podemos ver, pero si sentir pues él esta todos los días con nosotros. Dios es como la pequeña y gran cosa que hace que todas las cosas funcionen, sin Dios seriamos: nada. Dios nos ama y si tu amas tú tienes a Dios. Por qué decimos que no existe Dios si este está en cada una de las personas que conocemos, pues cuando te veo a ti yo veo a Dios, cuando te oigo a ti hablar yo también oigo a Dios, porque sé que esa mirada es puro amor, pero tal vez tu no lo sientes por que no crees en el o porque tu conciencia no está limpia, pero te prometo que él está todos los días viéndote a los ojos y muchas veces tu ni lo sabes, hay tanta gente que ni sabe de su existencia, y esto es como si tú no supieras que tienes una mamá o un papá, pues todos los animales lo veneran pero tú que estas hecho a su imagen y semejanza no. Ama a Dios por que él te ama, ama a Dios por que el siempre estará a tu lado, ama a Dios por que será la única persona, o ser maravilloso que muera por ti, ama a Dios y podrás amar a las demás personas, ama a Dios.

Dios es como la sangre que bombea en tu corazón, pues el ya derramo toda su sangre por ti y con ello tu ni siquiera vas a saber de su existencia.

Recuerdan cuando Dios nos asegura que los ricos no llegaran al reino de los cielos pues ve que piadoso es Dios que si tú viviste toda tu vida con miles de riquezas sin ayudar a los demás pero te arrepientes él te lleva al reino de los cielos. Recuerden que esta vida es solo un sueño, que todo lo que compremos en esta vida en la otra no será nuestro, recuerda que si tú te dedicaste a mejorarte físicamente en vez de mejorar tu alma y al final de tu vida tu alma está sucia, pues recuerda que tu cuerpo ya no lo volverás a ver ni a tener pero tu alma se quedara sucia por toda la eternidad contigo mismo. Recuerda que lo único que le va a importar a Dios cuando tu mueras va a ser la cantidad de acciones buenas que hiciste por los demás.

Cuando quieras lograr una meta, un sueño o algo que te cuesta mucho trabajo hacerlo, cierra los ojos y visualízate a ti haciendo tus sueños, metas o algo que tu deseas hacer, pero visualízate con confianza todos los días y un día de estos lo lograras. Cuando estás haciendo algo y te dices que no puedes hacerlo estas en lo correcto por qué no lo vas a poder hacer, pero si te dices que si puedes hacerlo aun que te va a costar un poco de esfuerzo pues también estas en lo correcto. Recuerda que el mundo es un espejo y al decir espejo refleja al mundo pero también te refleja a ti siguiendo tus pensamientos, así que si tú dices algo tú cuerpo te hace caso. Todo lo que pienses lo transformas y lo haces.

Muchas veces uno en la vida está enojado o no está de acuerdo con los demás y pues es de lo más normal no estar de acuerdo con lo que piensan los demás pero de que te sirve discutir y pelearte con los demás si.... Si de todas maneras lo único que vas a provocar es ponerte más enojado, poner de malas a la otra persona u otras Personas y de todas maneras no vas a cambiar la manera de pensar de la otra persona ni vas a corregir la injusticia que tú piensas que es. Si tus peleas no arreglas sino destruyes, pero si tú les preguntas porque piensan así y les das tu punto de vista pues tal vez así si puedas entenderlos, porque de otra manera no lo podrás.

Hoy en día muchas personas aman los dioses del poder (dinero, joyas, bienes raíces, artefactos), y no se dan cuenta de que lo que les hace falta es el amor, todos creen que lo racional es lo eficaz, y vivimos con objetos e ideas que nos hechizan, que nos hacen ciegos hacia Dios, hacia lo que necesitan los demás, hacia el amor, hacia la esperanza, hacia la vida, y hacia nosotros mismos, pues estas ideas nos dicen que si abrimos nuestro corazón al paralitico, hacia el matón, hacia el que no nos ama, pues al hacer esto estamos locos, estamos contra nuestra propia dignidad y pues nadie nos va a querer así, toda la gente nos vera como locos, pero no se dan cuenta de que si nos dejamos llevar por esas ideas quiere decir que no nos estamos amando de verdad, pues solo el que se ama no le importa si los demás lo aman, creen que si no seguimos esas ideas vamos a ser infelices, lo cual es al revés pues si seguimos esas ideas vamos a ser infelices y si no las seguimos vamos a ser felices. Nunca mientras sigas estas ideas serás aceptado y sobre todo nunca te aceptaras cuando ames al matón, al ladrón o por lo menos a los pobres desamparados y además los aceptes y te aceptes, entonces ahí nunca vas a necesitar la aprobación de nadie y ahí si serás feliz y no cuando sigues estas reglas.

EL AMOR ES LA CURA DE TODAS LAS ENFERMEDADES

D a a los demás sin límite, da hasta que te cause dolor y cuando te causo dolor da todavía más.

Hoy en día hay mucha gente que tiene lepra, pues tienen la lepra del miedo, la lepra de la envidia, la lepra de la burla, la lepra de la humillación, la lepra del coraje, la lepra de la flojera, la lepra de la soledad. Esta lepra de hoy en día es muy dañina y nos causa mucho daño como la tristeza, la marginación, la soledad, la desesperación, el

Odio, etc. La única cura de esta lepra es el amor, y este amor lo conseguimos amando, esta lepra se trata de: cuando uno solo busca su propio placer y su propio bien y tiene egoísmo y por tal no piensa en los demás e imagínate si por naturaleza nuestra nosotros amamos y pensamos en los demás pues este tipo de lepra es como estar en contra de lo que somos y de lo que hacemos, pues recuerda que nosotros venimos a pensar en los demás por pura naturaleza y además recuerda que si uno solo piensa en uno mismo pues uno se deprime y se siente mal con todo y de ahí puede empezar el odio, pero recuerda que este se manifiesta porque hay amor, pero este amor no es permitido ser transmitido por tal llega el odio, pero solo el contrario del amor es el temor, es el temor de amar a los demás. Yo te invito a que siempre pienses en los demás, pues así dejaras de sentirte solo, sentirás cuanto valor tienes y serás muy feliz.

El 95% de las enfermedades son causadas por la mente y el 5% de las enfermedades son herencias lo que quiero decir es que mucha gente crea sus propias enfermedades, ya sea pensando que te van a suceder, enojándose, actuando mal o sintiéndose psicológicamente siempre mal, así que recuerda que para que te enojas, para que te pones mal si lo vas a empeorar en vez de mejorar.

El amor es como un vino que transforma nuestra manera de pensar, solo el que cura al enfermo estará siempre sano, solo el que ama al desesperado siempre estará amado y acompañado en sus horas de desesperación, solo el que ama al pobre siempre será rico, solo el que perdona será perdonado inmediatamente, solo el que ama será amado, solo el que es paciente le tendrán paciencia y solo el que se ama a si mismo amara a los demás. El amor es como la flor en una planta pues el amor hace que podamos ver todo maravillosamente, el amor es nuestro mejor amigo. Ama y amate a ti mismo y por siempre de verdad vas a ser feliz, pues solo de amor podemos vivir, pues muchos creen que nuestro alimento es la comida pero nuestro real alimento es el amor, es la caridad.

Cuando vayas a una entrevista de trabajo, a un concurso, a una demostración, a un examen no te pongas nervioso/a pues no ganas nada con eso. Quiero que de ahora en adelante te digas:" Bueno me gustaría obtener este trabajo, me gustaría ganar este concurso, me gustaría sacar 10 en este examen pero sino lo obtengo o sino lo gano o sino saco el 10 quiere decir que este trabajo no era para mí y no me iba a hacer bien, quiere decir que este concurso se lo merecía alguien más ganar y además no me convenía ganar y que no me convenía sacar un 10 por que sé que Dios sabe lo que me conviene y no me convenía nada de esto por tal no sucedió nada de esto. Sino recibo este empleo, ni gano este concurso, ni saco 10 en este examen pues quiere decir que va a venir un empleo que me va a gustar más o que me vayan a pagar más, va a venir un concurso en el cual si vaya a ganar y va a venir otro examen que tenga mayor valor en el cual si saque 10, porque además todo es para algo bueno entonces vendrá algo mucho mejor en esta vida tan bella y maravillosa que tengo.

Si no recibo este empleo entonces Dios tiene algo mejor para mí, además si no obtengo este empleo no tengo nada que perder porque me vendrá algo mejor, que obviamente me va a gustar mucho más que lo que yo quería al principio. Si no recibo este empleo entonces va a venir un mejor para mí, además sino obtengo este empleo no tengo nada que perder por que vendrá algo mejor. Cuando me entrevisten para obtener mi trabajo diré todo lo que tengo que decir y me relajare. Piensa esto: "No espero que me vayan a dar el trabajo pero me gustaría mucho obtenerlo".

Nunca hieras a nadie, así que mejor ponte en los zapatos del otro. Ponte en los zapatos del matón, del ratero, pues de seguro esas personas se sienten mal consigo mismos, de seguro no se han de

Querer mucho para poder hacer eso, se han de sentir mal, pero lo más seguro es que a esas personas no les enseñaron a amar, tal vez les enseñaron que mataron a los demás no tiene nada de mal, sino al contrario es bueno por que obtienen dinero de esto. Dense cuenta de que las personas que matan, roban, maltratan y hacen el mal son las personas que necesitan más amor, más compresión, más paciencia y más compañía, porque a ellos nadie les enseño a amar. Como ya había dicho antes todos tienen una misión, entonces te vuelvo a recordar que toda la gente la necesitamos, pues hasta el panadero tiene una misión, el presidente, y hasta el perrito tiene una misión.

No desperdicies ni un solo instante de tu vida

Haz en tu vida lo que te apasiona hacer, pues recuerda que solo tienes una, si estás trabajando en algo que no te apasiona pues no tengas miedo y renuncia y vete a buscar el empleo que te pueda apasionar, para que cuando te vayas al cielo no te quedes con la angustia de que no hiciste todos tus sueños de la vida. Recuerda que todos los empleos de manera directa o indirecta ayudan a los demás, pues hasta el panadero ayuda a la gente a que pueda comer un delicioso pan sin tenerlo que hacer, el doctor ayuda a la gente a su salud, el maestro les ayuda con su educación y hasta el abogado y el juez ayudan en algo.

Quiero que de ahora en adelante disfrutes tu vida segundo a segundo, porque cada momento nunca más lo vas a recuperar, cada oportunidad de hacer algo, cada clase, cada sonrisa, cada favor, cada amor, cada cosa bella, etc. Que no hayas hecho y pudiste haber hecho, ya no lo hiciste

No pierdas el tiempo que tienes, tal vez has tenido tiempos más bonitos y deslumbrantes, pero de todas maneras aunque no esté tan bonito el tiempo es tuyo.

Si lastimas a alguno de tus sentimientos es como si apagáramos a una estrella.

Los grandes trabajos no son hechos por la fuerza, sino por la perseverancia. Ben Johnson.

La vida es pura perseverancia, pues si no le echas ganas, nunca lograras nada.

Tolerar es comprender que no poseemos la verdad absoluta. Practicar la tolerancia no significa tolerar la injusticia social no renunciar a las convicciones personales.

Al igual que yo, el otro es una persona que piensa, siente y experimenta el mundo de una manera única e irrepetible. Sus características genéticas, su historia personal y su propio ser lo constituyen como un individuo excepcional entre todos los demás.

Debemos ser capaces de reconocer que lo que nos hace iguales es que todos somos diferentes, esta variedad enriquece nuestros conocimientos y nuestra sensibilidad.

Un estereotipo no siempre es totalmente falso, pero siempre incompleto y limitado.

Todos tenemos prejuicios, pero no todos discriminamos. Los prejuicios son opiniones o creencias, mientras que la discriminación deriva en una acción de rechazo.

"Hemos aprendido a volar como los pájaros y a nadar como los peces, pero no hemos aprendido el sencillo arte de vivir juntos como hermanos". Martin Luther King

Cuando seamos capaces de donar y de donarnos sin límites y sin condiciones, nuestra vida será rica de sentido y estará llena de energía.

Cuando reflexiones sobre lo que más te gusta hacer y hasta dónde quieres llegar es cuando veras con más claridad quien eres de verdad y cuando realmente empiezas a conocer tus virtudes, cualidades y defectos.

La vida es una prueba y lo podemos ver con: la gente que todos los días está enferma y tiene que demostrar su gran fuerza.

La vida es una prueba para que lleguemos al cielo. La vida de Dios ya está en nosotros, por tal ya ha comenzado la vida eterna de nosotros y por ello cuando se supone que hemos muerto la verdad es que lo único que pasa es que nos vamos al cielo, pero seguimos vivos.

Jesús nos habla de que tengamos una vida de verdad que es la alegría, el amor y el servicio a los demás y que además la tengamos en abundancia.

Recuerda que cambiarte a ti mismo es cambiar lo que tienes adentro de ti y también cambiar al mundo es cambiarte a ti mismo.

Cada persona tiene un principio de vida dominante, por ejemplo: puede ser hacer el bien, entonces siempre que estés en una situación de hacer el bien o el mal tu siempre harás el bien, o puede ser el servicio a los demás entonces cada vez que haya una oportunidad de ayudar tú serás el que ayude, pero lo importante es que tu sepas cual es, así que ¿Cuál es tu principio de vida?, ¿Qué es lo que más disfrutas hacer?

¿Qué es la muerte? Bueno pues ya te había dicho que era una separación del cuerpo y del alma. Bueno mira cuando te mueres te separas de tu envoltura, la cual ya no te sirve y tu alma o quien eres mejor dicho (el regalo, que eres tu) sigue vivo y se va al cielo, de hecho tu floreces cuando mueres. La muerte es como ganar el juego de la vida.

La vida está llena de bellos y hermosos momentos, disfrútalos.

No temas hacer las cosas que quieres y deseas hacer, porque tal vez muy pronto ya no las podrás hacer y ya nunca las hiciste.

Aprovecha cada oportunidad y cada minuto, cada momento y nunca te desesperes.

Toda la gente es maravillosa porque es única, así que quiero que cada persona que se cruce contigo, la quieras y la aprecies poniéndote en sus zapatos y admírala por ser lo que es.

Si ves o piensas que toda la gente está enojada, quiere decir que tu estas enojada, pues recuerda que el mundo es un espejo de ti mismo.

Yo soy_____ (nombre) y_____ (características) por eso seguiré siendo como soy.

Nunca dejes de ser quien eres, en todos los aspectos positivos y negativos, por ejemplo si te gusta bailar y a los demás no, que no te importe, mejor dedícate a bailar, pues todo lo que te guste hacer hazlo, no te limites a decir: "nunca hare esto pues no tengo ni dinero, ni nada", pues tal y como eres y tal y como estas, ya sea que tengas algunas capacidad diferente, que no puedas ver, etc., tu eres capaz de lograr tus sueños y tus más grandes anhelos, pues justamente Dios te ha dado las características, actitudes, y valores que necesitas para lograr tus más grandes sueños. Mucha gente dice:" y como el sí logro su sueño y yo no", y no se dan cuenta de que si eran capaces, solo que tenían que usar las herramientas que Dios nos ha dado, por eso mucha gente cree que es incapaz de lograr algo, cuando la verdad es que nunca uso las herramientas que Dios le dio, y en vez de estas uso las herramientas del miedo, del engaño, de la mentira, del robo, de la flojera, etc.

Cuando quieras sacar en un examen diez o ganar un concurso y en vez de que te lo den a ti se lo dan a alguien más, no te enojes, mejor ponte feliz por el otro, pues lo más seguro es que el otro lo necesitaba más que tú, así que alégrate y sigue tu vida felizmente, y en vez de enojarte prepárate para que la siguiente vez tú seas el que saque diez o el que obtenga participaciones, además acepta la situación primero y con ello trata que la siguiente vez te toque a ti recibir el diez o lo que tu deseabas.

Es muy curioso como tus amigos y compañeros de trabajo o de escuela te dicen:" oye cámbiate el look, ¿Por qué no cambias la forma de tu pelo o el color, para que así le gustes más a las personas?". Pues yo pienso que como la gente te va a querer más si te cambias el look si nunca te cambias de look espiritual, yo pienso que el look que deberíamos cambiar es el del alma, pues la verdad es que un look físico solo hace que le guste a la gente más tu cara, pero no tú, no tu persona, y recuerda que tú nunca te vas a relacionar con alguien con su cara, sino te relacionas con la persona, y no con la cara. Así que si le quieres gustar más a alguien entonces cambia el look de tu alma, entonces se más amable, más pasiva, más amable, porque con tu alma si te relacionas con los demás. Muchas veces haz visto hombres con una cara hermosa con mujeres muy bonitas, pero con una cara fea, que la verdad estas mujeres son bonitas porque su alma lo es, porque ellas lo son, pero no lo son solo a la vista.

Por ejemplo: la madre teresa de Calcuta era una mujer muy hermosa, pero con esto no te quiero decir que para ser una persona bonita tienes que dedicar tu vida ayudando a los demás, sino lo eres porque sigues a tu corazón, lo eres por que amas a mucha gente, lo eres porque eres tú, y también lo eres porque tienes una misión, la cuestión es ¿Cuál es tu misión? Tú misión tiene que ser algo que tenga que ver con algo que te guste hacer, y con algo que se te facilite hacer, algo que tenga que ver con un sueño que tengas de vida, algo que lo podrías hacer por amor, por eso eres una muy bonita persona, y esto quiere decir que tú lo eres, porque tú tienes una misión, porque tu amas por lo menos a una persona y por qué lo más seguro es que escuches a tu corazón, por eso siempre escúchalo. Tu eres alguien lindo, especial, único y hermoso, por eso haz lo que tu sueñas hacer y con eso la gente vera la persona te reconocerá y vera que linda y buena persona eres y además que especial eres.

Recuerda que todos somos especiales y únicos y recuerda que la belleza viene de adentro y no de afuera, recuerda que la gente se puede parecer físicamente, pero no espiritualmente. El look físico se puede copiar y tener exactamente igual, pero el look espiritual no, y se podrá parecer pero nunca copiar al 100%, pues a lo mucho como a un 20%.

No te des por vencido

Muchas veces lo más seguro es que alguna vez has sentido que ya no puedes más, pues en este caso no te preocupes por si aún puedes, si no en este caso mejor cierra tus ojos dile a Dios: "Diosito este reto ya es demasiado para mí, pero yo sé que siempre se pueden arreglar los retos, así que pongo toda mi confianza en ti, porque sé que tú eres todo poderoso" y al finalizar de decir esto quédate tranquilo/a y sigue con tu vida felizmente, sin preocuparte si lo vas a lograr teniendo toda la confianza en Dios.

Recuerda que cada reto es para que mejores tu vida, por ejemplo hay personas que tienen retos y de ellos aprenden y esto hace que mejoren su manera de ver las cosas y esto hace que mejoren su vida.

Dios siempre nos da retos y estos hacen que nuestra vida sea rica, abundante, divertida y variada, sin estos no podrías aprender más sobre la vida y sin estos nunca encontrarías el real significado que tiene la vida y las cosas en general. Recuerda que vienes al mundo a aprender a amar, y a ser feliz y te prometo que sin los retos nunca podrías lograr alguno de estos porque si no tienes retos no aprendes, entonces no podrías aprender a amar, entonces no podrías ser feliz y entonces de nada serviría la vida.

Mucha gente perdona a otras personas para que los perdonen también a ellos porque creen que todo se te tiene que regresar. Cuando una persona se raspa o se corta le tiende a salir sangre, luego esto se hace una herida, pero si está herida no se desinfecta entonces esta ya no sirve y entonces se pudre y se tiene que quitar para que no vaya a infectar a todo el cuerpo, pero en cambio sí está herida se desinfecta en poco tiempo se hace costra y luego se cae y queda la piel como si nada hubiera pasado, lo mismo pasa cuando perdonamos, pues cuando las personas nos lastiman se nos hace una herida en el corazón, que se puede llegar a infectar, pero si llegamos con la persona que nos hizo daño y la perdonamos, entonces desinfectamos la herida de nuestro corazón y con el tiempo nuestro corazón estará nuevo como si nunca hubiera pasado algo.

Mucha gente estudia para sacar un diez en el examen y trabaja para comer y para obtener dinero, etc. Y yo te recomiendo que estudies para aprender y conocer más cosas y que trabajes para lograr tus sueños y tus metas. Haz las cosas para disfrutarlas, para quererlas, para desearlas y no para obtener algo más que la satisfacción, porque si lo haces para obtener algo nunca las disfrutaras y ni las podrás hacer bien, porque en vez de disfrutarlas estarás esperando obtener algo de estas, ya sea un 10 en un examen o un aumento en tu salario, o dinero, y si no te llega te vas a desilusionar y estarás muy desesperado contigo mismo, tu autoestima bajará y nunca podrás amar, ni querer a nadie y además odiarás y nunca lograras tus metas, ni deseos y además estarás todo el tiempo triste y nosotros venimos a disfrutar, no a obtener dinero o a obtener un número que la verdad es que ese número no vale nada, pues cualquiera podría escribir o tu diez o darte dinero, pero nadie puede darte la satisfacción de lograr un sueño, una meta o de haber hecho algo que te gusta hacer, porque ese sentimiento solo te lo puedes dar tú mismo.

Cuando haces un acto de amor o de cariño o de caridad, es como si te tatuaran en tu alma tu acción buena y esta nunca se borrara, pues cada acto bueno que hagas se quedara por siempre en tu alma y en tu corazón y nunca se podrá borrar, pero lo bueno es que una acción mala nunca se tatúa porque se espera el perdón y con este se borra. Cuando uno hace una mala acción lo único que te hacen es que te escriben en tu piel con un plumón de agua la mala acción y cuando te perdonan te la borran.

No esperes nada de nadie. Ni esperes que te amen, o que te den algo, porque tu vida no dependen de nadie más que de ti mismo, más bien espera todo de ti, espera dar todo de ti en todo lo que hagas, espera amar con toda tu alama a la gente, espera amar a alguien sin que tenga amar, espera lograr tus sueños, espera hacer un esfuerzo en la vida, en el trabajo, en las relaciones, pero nunca voltees a ver si los demás lo hacen, porque nadie hará lo que tú haces, porque eres único e irrepetible, lo has visto en las películas, en la vida cotidiana y en tu trabajo pues nunca has visto en 2 películas que haya un personaje igual al otro puede que hayan algunos que se parezcan pero nunca hay personajes iguales, por eso cuando haces lo mismo siempre que otra persona dejas de ser tú mismo porque nadie haría lo mismo siempre que lo que tú haces en cualquier situación.

Bueno sé que muchos de nosotros o casi todos hemos pasado por ciertos acontecimientos en nuestra vida en los que hemos tenido que hacer ciertas decisiones en ella, decisiones de las cuales nos sentimos arrepentidos y deseamos que pudiéramos regresar el tiempo y volver a estar justo en el momento de tomar esa decisión, pero no nos damos cuenta de que la decisión que tomamos en el pasado no solo nos trajo algo malo, sino algo bueno, porque cualquier decisión que tomamos en la vida tendrá algo bueno para nosotros, siempre habrá algo bueno, pues es una regla, pues todo es para algo bueno, y aunque a la vista no lo notes te aseguro que en un futuro podrás decir: "Bueno la decisión que tome hace unos años tal vez no fue la más conveniente para mí, pero valió la pena al final porque gracias a que decidí esto pude..."

No le tengas miedo a nada, porque a lo que le tienes miedo lo puedes atraes, pues si dices "Tengo miedo de que me corran", pues entonces es muy probable que te despidan, más bien tendrías que tener miedo de no volver a amar, de no luchar por tus sueños, de no lograr tus metas, de odiar a las demás personas, de no mejorar como persona, ten miedo de no querer lograr tus metas y sueños porque tienes miedo de lograrlos, ten miedo de ya no tener fe en Dios. Muchas veces en nuestra vida vemos a personas que escriben con faltas de ortografía un anuncio, un artículo y con ello tendemos a reírnos de ellos o nos quejamos de que hagan esto y decimos que son muy tontos y que les pasa, y no nos damos cuenta que quien lo escribió no tuvo las mismas oportunidades de una educación que uno, por economía y en vez de burlarnos deberíamos de ponernos en sus zapatos y entender a esas personas, ni nos damos cuenta que si nosotros no hubiéramos tenido las mismas oportunidades que las que tenemos nosotros hubiéramos sido los que escribimos mal en ese letrero o artículo, entonces hay que entenderlos y apoyarlos, porque si nosotros fuéramos ellos no nos gustaría nada que nos criticaran por algo así, si no nos gustaría que nos entendieran y que nos apoyaran, porque ellos sí tuvieron mejores oportunidades de educación. Con esto te digo que seas paciente con esas personas, porque aunque hayan tenido oportunidades también se pudieron equivocar en escribir, pues equivocarse recuerda que es lo más natural que le puede pasar al hombre.

También hay muchas personas que no pueden caminar y necesitan apoyo y en vez de hacer eso las discriminamos, pues yo te digo que te imagines que tú eres esa persona que está en la silla de ruedas sin poder caminar y te prometo que no te gustaría que los demás te discriminaran, pero te encantaría que te apoyaran y sobre todo te gustaría que todos te vieran como alguien común y corriente que no tiene límites, porque no por que no tengan brazos ni piernas quiere decir que no tengan sueños, metas, corazón y deseos, al contrario ellos tienen más sueños y metas que tú y hay que apoyarlos, haciéndoles saber que el no tener un miembro o una extremidad hace que tengan limites en la vida, al contrario esto hace que ellos tengan más fuerza, coraje y valentía, para que vean que el no tener un miembro sea una oportunidad para tener mayores capacidades que los demás y mayores retos, pero nunca limites si ellos quieren caminar o correr un maratón o un triatlón o lo que sea pues ellos pueden porque Dios los eligió como luchadores ante la vida, y nada te limita, lo único que te puede limitar a lograr tus sueños y metas eres tú mismo.

Si nos preocupamos demasiado en nosotros, ya no tendremos tiempo, ni ganas de preocuparnos en los demás, ya no tendremos tiempo para ayudar a los demás, pues ya habremos usado todo el tiempo en nosotros mismos.

Cuando te enfrentes a retos date cuenta que hay gente que no puede comer, ni caminar, ni hablar y agradece que tus retos son muy poquitos comparados con los de otras personas.

Cuando tengas mucho trabajo o muchas cosas que hacer agradece porque hay gente que quisiera con toda su alma tener un trabajo o una escuela llena de problemas y retos, ellos ya quisieran poder aprender muchas cosas y te darás cuenta de que la escuela es un lujo tenerla porque no cualquier persona la tiene, lo cual quiere decir que es maravilloso que tú la tengas.

Examina cada día de tu vida y vívelo como si fuera el último, y nunca te preocupes por si vas a vivir muchos años, mejor preocúpate por vivirla muy bien y hacer siempre lo mejor que uno pueda.

Hay un aspecto que a veces nos cueste trabajo y es dejar que los demás nos ayuden. Cuando alguien te quiera ayudar y tú no quieras ponte en sus zapatos y date cuenta que si a ti te gusta ayudar deberías dejar que los demás te ayuden.

ÁMATE TAL CUÁL ERES, SIN CREERTE EL MEJOR

La persona más humilde puede pasarse la vida sonriendo y esparciendo flores de alegría y de bondad dondequiera y a quien sea.

La persona que está siempre dispuesta a darse a los demás por completo o a apoyarlos siempre será bien recibida por todas las personas, ya que su fortuna es de bondad, amor y sonrisas, y la verdadera fortuna en el mundo es el amor.

La mejor virtud humana es saber dar esperanza de vida y amor a las demás personas, aun estando en los momentos más difíciles de la vida.

La persona más humilde y sencilla puede ser bondadosa y bella y llenar de amor y alegría a todo aquel que tenga contacto con este.

Los seres humanos que así piensan lograr tener una estrecha relación con el ser supremo.

Si alguien no te comprende, perdónale y no te detengas.

No guardes amarguras, odios, rencores, resentimientos y temores en tu corazón.

Sigue tu camino sin detenerte para nada. Muchos esperan tu amor, tu apoyo, tu generosidad, tu comprensión y a ti mismo. Si nadie te comprende que no te importe, sino tú dedícate a comprenderlos a ellos sin importar nada.

Lo importante no es ser la más linda/o de todas las personas sino es ser la mejor persona que tú puedas ser, por que recuerda que no hay mejores personas, pues todos valen muchísimo, sino hay diferentes personas y recuerda que con la única persona con la que puedes competir es contigo mismo porque solo tú tienes la mismas situaciones de vida y los demás no, por tal recuerda que nadie es mejor que el otro, pues de todas maneras siempre nos vamos a necesitar, pues recuerda que nadie es mejor que tu aunque haya hecho cosas maravillosas y mejores que las que tú has hecho, pues recuerda que si todos hiciéramos igual de bonitas las cosas y además las mismas, pues el mundo sería aburrido y cuando necesitaríamos de una persona que fuera hábil para otra cosa ya no habría y entonces dejaríamos de existir.

Por eso el mundo necesita de todos, pero de distinta manera, a unos los necesitamos bailando, a otros cocinando, a otros cantando, a otros enseñando, pero a todos amando, a todos siendo felices, etc. Por eso nadie es más lindo por lo que haga, sino es lindo por lo que es, que este es puro amor, recuerda que nadie es como nadie, y lo único que hace que seamos parecidos es que seamos amor.

Tus decisiones siempre reflejan tus deseos y valores. Siempre es así. Tus decisiones revelan todas tus opiniones sobre lo que quieres y a quien quieres. Tus decisiones indican que tienes mucha libertad.

Siempre recuerda:" nadie hace nada que no quiera hacer".

Perdona a otros por los mismos errores que tú te has visto cometer. Recuerda que cuando sanes el corazón de los demás y cuando los apoyes entonces vas a sanar el tuyo y te vas a apoyar al 100%.

Tú eres amor, por eso cuando amas estas siendo tú mismo y eso hace que seas más feliz que antes, así que recuerda que tú mismo eres amor.

Se integró, sincero, leal, tenaz, capaz, humilde, amores, entonces se tú mismo.

No estés orgulloso de lo que haces si no de quien eres, y de lo que eres, pues recuerda que eres puro amor.

Ten fe en lo que deseas lograr, pues recuerda que si tienes fe y estás dispuesto a lograrlo, entonces será muy posible que lo logres.

Recuerda que somos como una mezcla, somos como un pastel que necesita de dulce, de leche, sal, huevos, etc., así que recuerda por ultimo esto: "Que necesitamos de todo tipo de gente para que la vida sea diversa, divertida y entretenida".

Que es no amar a nadie, pues no amar es dejar de ser quien eres, es como si te pusieras una máscara y el tú verdadero no estaría a la vista.

Recuerda que cuando luchas por lo que piensas y por lo que quieras y es cuando puedes ser feliz sin importar nada, así que recuerda que debes luchar sin importar nada, ni nadie.

Recuerda que siempre alguien va a necesitar tu ayuda.

En la actualidad hay reglas y normas las cuales no dicen que debemos hacer y que no, pues yo te recomiendo que tú también hagas tus propias reglas y normas sobre que debes hacer tu y que no debes hacer tu, considerando la persona que eres y lo que te gusta hacer, dependiendo de qué metas tengas en la vida y que cosas no quieres lograr ni hacer.

En la actualidad nos hemos puesto etiquetas como: "La chica reventada, la chica nerd, el chico guapo, el chico ñoño, etc.". La gente es quien es, pues nadie es nerd, ni reventado, sino son quien son y actúan como ellos desean actuar, pero esto no determina qué tipo de persona son, sino quien son. Recuerda que una persona perdedora siempre ve problemas, ve siempre en el camino muchos retos y el respeta su destino, pero esta persona no construye su camino, sino sigue algo sin crear nada, sin ganar nada, pensando que cada cosa es un problema, en cambio el ganador siempre construye su propio camino, y no sigue su destino sino él lo construye, este siempre tiene un proyecto para hacer las cosas este siempre ve oportunidades en cada situación y siempre gana sin pensar solo en ganar, recuerda esto siempre que estés en un problema y piensa si prefieres ser un ganador o un perdedor.

La tristeza nos ayuda a poder diferenciar los días felices de los días tristes, porque si todos fueran felices pues entonces estos no serían tan dichosos como lo son, además recuerda que a veces necesitamos reflexionar y de eso nos sirve estar tristes, para que reflexionemos y seamos mejores personas. Recuerda que llorar es algo normal en el ser humano, así que no tengas miedo de que te vean llorar, pues recuerda que hasta la virgen maría y Jesús han llorado, pues es algo natural pues esto quiere decir que sabes amar.

Recuerda que eres muy bello físicamente porque Dios solo hace cosas bellas y para el tú eres su más grande creación, por tal eres maravilloso.

La gente que tiene una vida bella es la cual ve a todo el mundo bello, es la cual ama a todo el mundo que conoce con su corazón, es la cual se ama y se adora tal y como está sin importar su defectos.

SOLO TÚ TIENES LA LLAVE DE TU CORAZÓN

Recuerda que tú eres el único que tiene la llave a la puerta de tu corazón, por tal yo te invito a que la abras y a que no esperes a que alguien te la abra, pues puede ser que creas que para amar primero necesitas ser amado, pero la verdad es que para amar solo necesitas ser tú y decidir amar. Recuerda que enojarte es también algo natural, así que no te preocupes si te enojas.

No te adelantes a creer que las cosas son como las demás personas dicen que son, por que nadie ve las cosas de la misma manera que tú, pues puede ser que ellos vean que saltar es muy divertido y para ti saltar es muy escalofriante, al igual que si te dicen que un examen está muy difícil, pues no te adelantes a pensar que si lo está, pues mejor haz primero el examen para que ahora si puedas opinar y pensar si esta fácil o no.

La vida es un sueño; lograrlo, la vida es un juego; juégalo, la vida es una aventura; vívela, la vida es una obra; actúala, la vida es un cuento; disfrútalo, la vida es una historia; apréndela, la vida es un reto; triunfa, la vida es todo eso y más por eso; ámala.

Debemos ser capaces de reconocer que lo que nos hace iguales es que todos somos diferentes, esta variedad enriquece nuestras vidas y nuestros conocimientos. Practicar la tolerancia no quiere decir tolerar la injusticia, ni renunciar a las convicciones personales, tolerar es comprender que no tenemos la verdad absoluta. Un estereotipo no es completamente falso, pero siempre es limitado y está incompleto. Para que cambies tu vida primero tienes que cambiar todo lo que traes adentro de tu ser y de ti mismo.

Si sigues necesitando que los demás estén siempre de acuerdo con lo que haces y con quien eres, entonces nunca podrás cambiar porque es un círculo vicioso, así que de ahora en adelante ya no esperes la aprobación de nadie para seguir adelante y veras que fácil podrás ser feliz y hacer cualquier cambio en tu vida.

Siempre debes tener un principio de vida, o una intención, con la cual uno puede realmente ser feliz y también con la cual uno puede ser lo que realmente es.

Solo pasarás una vez por este mundo, por ello cada cosa buena que puedas hacer, cada éxito que puedas obtener, cada logro que puedas obtener y cada amor que puedas amar, hazlo ahorita y no lo propongas porque solo tienes una oportunidad para todo, por tal recuerda siempre disfrutarlo con el corazón.

El impulso básico del ser humano siempre va a estar dirigido hacia el poder y el éxito.

Cada persona y sobre todo tu mismo pueden usar su libertad y aclarar los propios valores y obrar según estos.

¿Por qué tendemos a decir que no podemos cuando ni si quiera lo hemos intentado? ¿Por qué queremos una vida sin riesgos, sin retos, sin desafíos y además aburrida? ¿Por qué decir que alguien es feo solo por la genética que trae o por sus orígenes? ¿Por qué no mejor dices que si puedes?

Sí que muchas veces te has sentido perdido en la vida, porque caes en una situación difícil, ya sea que te despiden del trabajo o que estas enfermo y lo primero que debes hacer es aceptar la situación en la que estas, olvídate de decirte" Si yo me hubiera cuidado mucho no estaría enfermo/a." la verdad es que tienes que olvidarte de la culpa, mejor acéptate y acepta lo que hiciste y en la situación que te ubicas, recuerda que aceptar la situación no es estar de acuerdo con la situación y por ello no hacer nada, sino es estar de acuerdo que estas en esta situación, por tal vas a moverte hacia donde tu deseas ir y estar. Recuerda que si ya estuviste una vez sana, si ya obtuviste una vez dinero, entonces quiere decir que puedes volver a obtener dinero y volver a estar sano.

La motivación que le pongas a las cosas va a hacer que las hagas más feliz y a que te sientes muy feliz el mayor tiempo. Recuerda que las personas más felices no se dedican a ver si tienen todo lo que merecen o si no, sino se dedican a vivir la vida lo mejor posible con lo que ya tienen.

Es muy sencillo que uno se sienta culpable después de haber hecho algo malo, pero si permanecemos sintiéndonos culpables durante un gran rato,¿ usted cree que haya servido de algo, que esto haya cambiado las cosas, o aceptar la situación, perdonarse a uno mismo y mejorar la manera de actuar sería la mejor opción, sería lo que realmente hubiera servido?¿Te gustaría seguir sintiéndote culpable o te gustaría poder perdonarte y seguir? recuerda que perdonar es olvidar, y si uno no se olvida de lo que hizo entonces quiere decir que uno nunca se perdonó, por tal recuerda que el perdón es olvidar el mal o bien que hicimos y así seguir tu vida.

¿Qué vas a hacer con lo que tienes? Recuerda que Dios recompensa el esfuerzo y no las excusas.

EL QUE LA SIGUE
LA CONSIGUE

Es justamente la posibilidad de logra un sueño lo que hace que la vida se haga muy interesante y divertida.

Hay un pequeño dicho que dice" Entre más esperes (ya sea amor, dicha, riqueza, etc.), menos te llegara, pues querer que nos llegue está bien, pero no esperar que nos llegue, pues recuerda que si no esperas te llegara más. Tu felicidad se basa en lo que logras y en lo que quieres lograr y si te digo que es un 100% de posibilidad que lo logres quiere decir que es un 100% de probabilidad de que seas feliz, pero no esperes lograr tus objetivos para ser feliz.

Alguien que le tiene miedo a la vida, es alguien que no se ama, pues recuerda que amarse es tenerse confianza de todo, al 100%. Un bebe es la perfección, pues recuerda que un bebe puede amar a toda la gente, un bebe es aquel que es puro amor, un bebe es pura perfección, porque se cree lo mejor que puede ser y esto hace que pueda dar mucho amor.

Alcanzar tus sueños no va a ser un camino fácil, pero va a hacer el mejor camino, lo único que necesitas es tener mucha determinación, tener un propósito, esperanza, fe y creer que tienes los talentos y las habilidades necesarias para lograrlo.

El pesimismo controla y permite que tu ánimo controle tus acciones, en cambio si eres alguien muy positivo tú vas a ser el control, tú vas a controlar tus propias acciones de la vida.

Te acuerdas de los típicos pensamientos negativos y positivos como:" Es lo peor que me ha sucedido"," algunos días son más difíciles que otros". Recuerda siempre pensar de una manera positiva, recuerda que siempre que se te cierre una puerta se te abrirá otra en el camino, recuerda que todo pasa rápido, recuerda que siempre te esperan mejores días, recuerda...

Recuerda que es mejor haberse perdido en una aventura, que nunca haberla hecho, recuerda que es mejor haber amado y perdido que nunca haber amado, recuerda que siempre tendrás una esperanza de vida en tu corazón y en tu vida. Recuerda que la esperanza nunca va a morir hasta que tú no hayas muerto. Recuerda que tú eres tu propia esperanza de amor y de vida.

Recuerda que siempre tu puedes elegir tener la vida que deseas tener. Es muy sencillo tener miedo, pero te tienes que fijar en lo que si tienes y no en lo que no tiene y así el miedo desaparecerá para siempre.

Solo hay una salida para los sufrimientos...pasando por ellos, dios nunca te dará más de lo que puedes cargar. Así que carga tu cruz y llénate en el premio, aprende a cargar tu cruz sin renegar y solo pidamos al señor fuerza y fortaleza para salir adelante como triunfadores, cualquiera que sea tu cruz, cualquiera que sea tu dolor siempre habrá un resplandor, una luz, un atardecer, después de la lluvia hay un arcoíris, quizás puedas tropezar, quizás hasta caer, pero Dios siempre estará listo a responder tu llamada, dios siempre enviará un arcoíris después de la lluvia.

Muchos de nosotros nos hemos visto envueltos en situaciones donde nos preguntamos: ¿Por qué me pasa esto, si no he hecho nada malo, ni he dañado a nadie? Es muy sencillo responder,¡¡ por que no soportan verte brillar!! Cuando esto pase, no dejes de brillar, continua siendo tú mismo y sigue dando lo mejor de ti, sigue haciendo lo mejor, no permitas que te lastimen, no permitas que te hieran, sigue brillando y no podrán tocarte por que tu luz seguirá intacta, tu esencia permanecerá, pase lo que pase, siempre se autentico, aunque tu luz moleste a los demás.

Haz lo mejor posible que tú puedas hacer las cosas y entonces te prometo que las oportunidades te llegaran.

Somos como un juguete que necesita pilas (energía) pero nosotros somos los que decidimos si nos ponemos pilas positivas (energía positiva) o pilas negativas (energía negativa), con las cuales decidimos si actuamos positivamente o negativamente cada día, recuerda que cada día tienes la capacidad de cambiar la energía de tus pilas, cada día puedes decidir entre pilas de energía positiva o energía negativa.

Las metas son como un videojuego, que entre más llegamos al final del juego más hemos cambiado, pues recuerda que lo bueno de las metas no es el resultado final, sino es como nos transformamos cuando las hemos logrado, como en el proceso de lograrlas hemos cambiado nuestra manera de ser y de pensar.

DESÉALO Y VERÁS QUE SE HARÁ REALIDAD

Lo que deseas se te cumplirá, pues si dices:" el día de hoy voy a perder este partido", entonces te prometo que perderás, pero no por haber jugado mal en el partido, sino porque has jugado mal con tu propia mente, porque le has dicho que ya perdiste, pues cuando dices que vas a perder ya perdiste con tu mente.

Tu mente es un árbol dador de deseos: pienses lo que pienses, tarde o temprano se verá cumplido. A veces la brecha es tan grande que te olvidas por completo que lo deseaste de modo que no puedes reconocer la fuente pero si observas profundamente te darás cuenta que todos tus pensamientos te están creando a ti y a tu vida. Crean tu infierno, crean tu alegría, crean tu cielo, crean lo positivo y negativo. Cada uno es aquí un mago. Cada uno está hilando y tejiendo un mundo mágico en torno de sí mismo… y luego es atrapado. La araña misma es atrapada en su propia tela

No hay nadie que te torture excepto tú mismo. Y cuando se comprende esto las cosas comienzan a cambiar. Entonces puedes modificarlo, transformar tu infierno en cielo; solo se trata de pintarlo con una visión diferente.

Toda la responsabilidad es tuya. Y entonces surge una nueva posibilidad: puedes dejar de crear el mundo. No hay necesidad de crear ni en el cielo ni en el infierno, no hay ninguna necesidad de crear nada. El creador puede descansar, jubilarse. Y la jubilación de la mente es la meditación. (Neo tarot de oso: carta 43: la mente)

Nuestro verdadero enemigo, el temor

Yo temía que me rechazarán, hasta que me di cuenta que debía tener fe en mí mismo. Yo temía a la verdad, hasta que encontré lo horrible que son las mentiras. Yo temía al odio hasta que descubrí que no era más que ignorancia.

Yo temía a la obscuridad hasta que vi que en la oscuridad podía ver la belleza de la luz de las estrellas.

Yo temía hacerme viejo hasta que me di cuenta que ganaba sabiduría día a día.

Se perseverante, pues la perseverancia que tengas sobre tus sueños y metas es lo que refleja tu estado interior en la vida y tu manera de ver las cosas.

Recuerda que tu peor enemigo es el temor, porque alguien que tiene temor, es alguien que no logra amar de verdad a alguien, alguien que tiene temor es alguien que nunca lograr sus metas, recuerda que si tú llegas a tener confianza, podrás lograr lo imposible.

No temas envejecer, porque cada día que pasa tienes más sabiduría, y además has logrado amar a más personas y más profundo, olvídate de las ideas de los demás, sino créate las tuyas, vive tu vida a tu manera, y recuerda que solo tú puedes ver la vida de una manera, distinta a los demás.

La verdadera magia del amor

Si amas a todo el mundo cambiaras al mundo, pues eso es lo que hizo dios, la madre teresa de Calcuta, el dueño del teletón, Martin Luther King, etc., además recuerda que tú eres un pedacito de Dios, pero con esto no te quiero decir que tú eres todo poderoso y supremo, sino eres Dios porque sabes amar, y por qué puedes amar a toda la gente por igual pero de distinta manera. Creo que has llegado a la conclusión de que si tú eres un pedacito de Dios quiere decir que tú puedes lograr hasta lo imposible, pues recuerda muy bien que no hay imposibles.

Muchas veces te habrás enamorado de una chica/o, pero luego te enteras que él o ella está enamorado de otra chica o chico, y cuando lo ves o la ves se te hace muy feo, pero la verdad es que para esa persona ella o él es muy bonito/a, porque este o esta ven a esta persona con diferente perspectiva y gustos que tú, y además no puedes obligar a que alguien te amé, pero si puedes amar a alguien por que tu decidiste. Así que nunca esperes el amor de alguien, recuerda que el amor es gratis, el amor no nos hace poderosos, ni nos vuelve más ricos, sino el amor hace que seamos mejores personas, hace que seamos lo que somos, un pedacito de Dios y amor, el amor hace que no hayan imposibles, pero amar no siempre están fácil, pero recuerda nunca imposible, porque no hay imposibles.

Recuerda que dios no necesita que lo adores, recuerda que Dios siempre velara por ti, recuerda que cuando tu estés solo, él te acompañara, cuando tu estés triste, él te consolara, cuando hayas hecho algo malo, él te perdonara, cuando te hayas equivocado, él te enseñara, cuando tú le pidas algo, él te lo dará, siempre y cuando no dañe a nadie eso que tú le hayas pedido, cuando tengas frio él te cubrirá, y cuando tengas hambre, él se convertirá en tu alimento para que dejes de tenerla. Dios siempre estará contigo, pues por toda la eternidad. Recuerda que el eligió que tu vinieras a este mundo, así que agradécele todo, porque por él, eres lo que eres (un pedacito de él y amor infinito e incondicional).

Recuerdas que te dije que tú eres amor y eso es quien eres y es lo que eres, quiere decir que tú tienes energía, de eso este hecho y esa energía es Dios, y dios es vida, la vida es amor y el amor eres tú. Tú eres amor, y tú eres un pedacito de Dios, pues recuerda que todo el mundo es uno, es Dios, recuerda que tú puedes llegar a amar a todas las personas. Puedes amar a todas las personas en la misma cantidad de amor, pero de distinta forma. Pues tú no amas de la misma manera a tu nariz que a tus ojos, o que a tu cabello, pues no lo tratas igual, pero eso no quiere decir que no lo trates bien, ni que no lo ames como a tus ojos o a tu nariz.

Recuerda que la vida es un juego, una aventura, una obra de teatro, entonces quiere decir que la vida es un proceso, la vida es lo que estás viviendo ahora, y solo viviéndola podrás encontrarle un significado a la vida.

La vida es amorosa, vívela, la vida es un reto afróntalo, la vida es emocionante mantente curioso, la vida es una amistad, cuídala, protégela, amala tal y como es y tal y como esta, la vida es un juego, juégalo, la vida es una obra, actúala, la vida es una historia, escríbela, la vida es un largo laberinto, atraviésalo, la vida es un peligro, sino llegas a hacer nada, la vida es un sueño, por ello vívelo, la vida es creación, por ello gózala, quiérela, presúmela, aprovéchala tal y como es. La vida eres tú mismo, la vida es Dios, la vida es todo lo que tienes, y si la vida es todo, entonces amala, quiérela, apréciala, sin importar como sea, la vida es un laberinto, así que busca la salida de cada reto que te de este laberinto, pero recuerda que cada persona tiene un laberinto distinto por tal, tú tienes que cruzarlo a tu manera, tú tienes que afrontarlo tú solo, porque tú tienes la capacidad de lograr todo, tú tienes las propias herramientas para llegar a la meta de ese laberinto, tú tienes todo lo que necesitas para ser quien tú quieras ser, sueña despierto y veras que lograras todo lo que te propongas.

"Da tu primer paso ahora. No es necesario que veas el camino completo, pero da tu primer paso. El resto irá apareciendo a medida que camines" Martin Luther King

"Solamente una vida dedicada a los demás merece ser vivida". Albert Einstein.

Siento que toda la gente ya tiene los valores humanos desde que nace, solo que si uno no los practica o si uno como padre no hace que sus hijos los vean, se nos pueden llegar a olvidar de la nada. Recuerda que tú eres un ser maravilloso y único, el cual necesita de todo tipo de personas, pero también el cual es requerido por todo tipo de personas.

La vida es un juego de azar, porque cada día tomas los dados y los lanzas, los cuales te pondrán diferentes situaciones que algunas veces serán maravillosas las situaciones y otras veces serán muy tristes y difíciles, tú tienes que estar listo para cualquier situación que te toque. Recuerda que tu planeas día con día tu vida, pues tu puedes decidir qué tipo de vida deseas vivir. Nada de lo que te sucede ya está planeado, pues recuerda que cada día empieza con la primera situación al azar pero la siguiente situación, ya la decides tu solito, pues tú eres el creador de tu vida. Pues quiero que sepas que toda la gente tiene la capacidad de tener una vida emocionante y extraordinaria, claro a algunas personas les costara más trabajo y a otras les costara menos, pero la verdad es que todos tienen la capacidad de llegar a ser santos, de llegar a ser como la madre teresa de Calcuta, todo dependen de las decisiones que tomemos día con día. Recuerda que hasta tu elegiste tus propios padres, para poder lograr tus propias metas, pero para los que no tiene padre, pues ellos eligieron no tenerlo (de una manera inconsciente) para poder llegar a donde ellos necesitan estar. Tu escribes tu propio libro llamado" mi propia vida", tu escribes tu propio libreto todos los días.

LA VIDA ES COMO UNA PELÍCULA

La vida es como una película, pues dura un tiempo determinado, el cual tienes que gastarlo, disfrutarlo cada segundo y verlo como si fuera todo tu ser, pues no sabes cuándo acabará esta película, pero la mejor pregunta es; ¿Qué vas a hacer con ese tiempo de película? Pues en cada escena sigue corriendo el tiempo (segundo, día), pues recuerda que si no usaste unos minutos o segundos que tenías estos ya no regresaran, ya no los volverás a tener, pues recuerda que tu vida es ahorita y no mañana. ¿Qué haces con cada segundo de tu propia (vida) película? Pues recuerda que esta es una vida que nunca la volverás a tener, que no puede regresarse; ¿Qué estás haciendo ahorita con tú propia vida?

Recuerda que tú eres el que tira los dados al inicio de cada día, y también eres el que mueve la ficha de tu propio juego dependiendo de adonde te quieras mover o que quieras hacer en tu vida. La vida tiene sus propias reglas, al igual que cualquier juego como lo es: el basquetbol, el baseball, el futbol, los juegos de mesa, entre otros; solo que las reglas de la vida son mucho más reales y se refieren mucho a la decisiones y acciones que hacemos y tomamos día con día, pues si haces algo malo, la regla es que tendrás una consecuencia contra de ti, pero si haces algo bueno tendrás una consecuencia a favor de ti, también si tu amas tendrás una consecuencia, si le echas ganas a la vida también tendrás una consecuencia; otra diferencia entre la vida y cualquier otro juego es que las consecuencias son reales y mucho más fuertes y duraderas que en los demás juegos; además este juego es muy variado, lo cual en los otros juegos no sucede, pues en los demás juegos la situaciones son casi siempre las mismas y en este juego siempre son diferentes.

Uno no puede dejar de hacer cosas, ni dejar de luchar por sus sueños, pues cuando uno muera uno tendrá toda la eternidad para descansar.

Cuando sepas quien eres en realidad y cuál es tu propósito en la vida será cuando tengas la mayor confianza en tu mismo/a y en los demás, pues recuerda que somos un pedacito de Dios.

Recuerda que tú eres el que crea todas las situaciones en tu vida.

Ayuda a los demás a experimentar lo que tú quieres experimentar, pues si tú quieres experimentar amor entonces ama, si tú quieres experimentar aventura entonces lleva alguien a una aventura, si tú quieres bailar, pues enséñale a alguien a bailar, si tú quieres ser famosa pues haz que alguien se vuelva famoso.

La cosa más bella en el mundo no se puede ver, solo se puede sentir.

No pierdas tiempo en lamentaciones y preocupaciones pues solo traen enfermedad. No dejes que la rutina te atrape y que el miedo te impida intentar hacer las cosas. El miedo nos aparta de las derrotas, pero también nos aparta de las victorias. Gastas más horas realizando que soñando, haciendo que planeando, viviendo que esperando porque a pesar de que alguien que casi muere sigue vivo, alguien que casi vive ya está muerto. No te preocupes sobre a quién no le agradas, sobre quien tiene más o quien hace que. En lugar de eso atesora a la gente que te ama, trata de amar a la mayor gente posible sin importar si te aman.

Recuerda que cuando te irritas te envenenas. Piensa siempre positivo, así que cuando un pensamiento negativo te venga a la mente cámbialo por uno positivo, claro que tendrás que entrenarte para poder hacer este ejercicio. La mayoría de las cosas que andan mal comenzaron a materializarse cuando las pensamos o cuando nos lamentamos.

No dejes que interferencias externas se acumulen a tu vida. Libérate de rumores y de comentarios maliciosos, comienza a pensar positivamente y de la mejor manera posible.

Muchas veces nuestra fuerza mayor es cuando reconocemos nuestra debilidad y tenemos la humildad de pedir ayuda a los demás para así poder lograr las cosas.

La mejor relación no es aquella en la cual se relacionan personas que son perfectas, sino es aquella en la cual cada persona aprende a vivir con los defectos de los demás y a admirar sus cualidades.

Hay personas que entran a tu vida por una razón, y son las cuales te ayudaran, te darán apoyo emocional, físico y espiritual y son un regalo de Dios.

También hay personas que entran por una vida entera, las cuales te enseñan lecciones para la vida entera, son aquellas con las cuales debemos de ser tolerantes, amarlas y respetarlas tal y como son. Hay personas que entran a nuestra vida por una estación y son aquellas que nos dan consejos y nos enseñan cosas para ese periodo de vida, son aquellas personas especiales que no compartirán toda su vida con nosotros, son las cuales algún día se irán pero también son las cuales nos ayudaron en esa estación de vida. Recuerda que siempre conoces a alguien para algo bueno, nunca para algo malo y te vuelvo a decir esto" Tú necesitas todo tipo de personas en tu vida para poder lograr tus metas lo mejor posible".

Ama la vida y disfrútala

Recuerda que tú eres el único animal capaz de hablar, capaz de conocer a Dios, capaz de ayudar a los demás, capaz de animar al desamparado, de estimar al que tiene miedo, etc.; siempre recuerda que tú eres muy especial porque eres un pedacito de Dios y solo por ello tienes las mismas habilidades que el que son: amar, hablar, aconsejar, consolar, estimar, animar, apoyar, ayudar, aprender, reír, etc.

La vida es un paraíso si así lo crees, la vida es un infierno si así lo crees, la vida es lo mejor del mundo si así lo ves, la vida es lo más preciado que tienes si así lo ves, la vida puede ser lo peor que tienes si así lo ves, pues recuerda que todo es dependiendo de cómo tú mismo lo ves, pues tu eres el que decide como es tu propia vida, tú decides las oportunidades que tendrás, tú decides las alegrías gozaras, así que siempre decide lo mejor para ti, mucha suerte.

Cuando uno es amigo de uno mismo lo es de todo el mundo. A la cima no se llega superando a los demás sino superando a sí mismos. El dolor es inevitable, pero el sufrimiento es opcional. Si quieres ver el arco iris tienes que soportar la lluvia. Recuerda que el hombre nunca deja de vivir más que cuando deja de amar a los demás y así mismo. Ayudemos a los demás a tener esperanza, pues si lo hacemos no habremos vivido en vano. Recuerda que si ayudas a alguien, tu vida no habrá sido en vano.

"La desesperanza está fundada en lo que sabemos, que es nada, y la esperanza sobre lo que ignoramos, que es todo." Maurice Maeterlinck.

El juego de la vida tiene niveles como cualquier juego, solo que este juego tiene niveles para todo lo que hacemos, pues un ejemplo de niveles en la vida es la escuela, también cuando estamos haciendo una meta, pues primero empezamos con algo pequeño y después hacemos algo más grande hasta lograr nuestro objetivo. Tú puedes lograr cualquier cosa, porque todo va por niveles, todo pues hasta lo más difícil empieza con algo fácil y después se va complicando.

Cuando amas a alguien puedes llegar a hacerte uno solo con esa persona.

Para alcanzar algo que nunca has tenido, tienes que hacer algo que nunca has hecho. Dios no te llevara donde la gracia de Dios no te pueda proteger, por tal motivo no tengas miedo, pues siempre estarás protegido por Dios padre.

"Todos tenemos distintos caminos en la vida, pero no importa a dónde vayamos, de todas maneras tomamos un poco de cada quien." Tim McGraw

Cuando Dios te quita aquello que tenías agarrado, él no te está castigando, sino está abriendo tus manos para que recibas algo muchísimo mejor que lo que tenías agarrado.

No es nada por supuesto, pues si tienes duda aclárala, si sospechas, pregunta. Suponer te hace inventar historias increíbles que solo lastiman y causan mucho daño y que además no tienen fundamento.

Ámame cuando menos me lo merezca pues ahí es cuando más lo necesito y no sabes cómo te lo agradeceré en el futuro, pues aunque sea difícil amarme en ese momento créeme que será cuando más lo necesita mi alma y todo mi ser.

Lo que dices es lo que eres tú. Si no honras tus palabras quiere decir que no te honras a ti mismo, así que siempre piensa en lo que vas a decir y ve si tiene coherencia con lo que haces y dices todos los días. Se auténtico con lo que digas, esto quiere decir que digas lo que tu piensa s y no lo que los demás lo piensan.

Ama sin límites, ama hasta que te duela, pues si te duele quiere decir que de verdad estas amando.

El misterio más grande que puedes encontrar es el de tu propia vida, por tal disfrútala tal y como es y tal y como esta.

Amar a alguien incluye de verdad saberlo comprender.

El que cree en algo, tiene el poder de crearlo, sea lo que sea, así que si tú crees que tú puedes lograr algo, tú lo lograras, pues has creado el poder para logra aquello. Nada en este mundo se ha creado sin antes haber creído en eso. Así que si crees en algo quiere decir que lo estas creando al mismo tiempo.

Cuando miremos con ojos de niño ahí nos daremos cuenta de que este juego (la vida) es de evolucionar, de cambiar, de mejorar, de amar con todo el corazón y de alegrías. Cuando miremos como niños nos daremos cuenta de que la vida es un juego y no un tormento, nos daremos cuenta de que la vida es un regalo y no una pesadilla, nos daremos cuenta de que la vida es tan sencilla o tan difícil como lo es un juego, todo depende de cómo la veamos.

Recuerda que la vida es tal y como tus propios ojos la vean, pues no todos los ojos la ven de la misma forma y manera.

Si le echas tu mayor esfuerzo a las cosas y haces lo mejor que puedas las cosas te prometo que nunca te vas a arrepentir de lo que hagas.

¿SABES POR QUÉ EXISTE EL SUFRIMIENTO?

El sufrimiento existe porque muchas personas han creído que deben de sufrir para que sean perdonados sus pecados, otras personas creen que la vida es un sufrimiento, pero la verdad es que el sufrimiento es una experiencia inventada por el hombre, pues la verdad es que la vida es un regalo que nos dio nuestro creado. ¿Sabías que casi siempre creamos la enfermedad? Hay como un 5% de enfermedades que no las creamos, pero solo el 0% de los sufrimientos no los podemos crear, esto quiere decir que tú puedes estar enfermo algunas veces sin tener la culpa pero no tienes que sufrir, al menos que tú que tu decidas sufrir, pues recuerda que tú eres el que crea el sufrimiento, y el que decide si crear el sufrimiento (si sufrir) o sino a lo que te sucede en la vida, pues el sufrimiento solo es creado por el hombre.

LAS COSAS NO SUCEDEN POR ARTE DE MAGIA

No esperes que te llegue un aumento de tu sueldo, o una noticia maravillosa, etc.; mejor actúa para que te lleguen las cosas. Pues el sinónimo de esperar es reposar, y eso es no hacer algo; Recuerda que las cosas no llegan ni a ti ni a nadie por simple arte de magia, pues tenemos que imaginárnosla, pero también tenemos que actuar para que sucedan, hay que imaginar y actuar, luchar para que sucedan, sino es muy probable que nunca sucedan en nuestra vida. En conclusión no esperes que te lleguen las cosas sin actuar en absoluto.

Recuerda bien que agradecer es aceptar de antemano quien eres, lo que tienes y en general tu vida y todo lo que te rodea.

Recuerda bien que a lo que más tiempo mantenemos en nuestra mente, es lo que se hace real; es lo que se hace parte de nuestra propia vida, y al final es lo que se hace en nuestra vida.

Cuando repitas y repitas las cosas, al final se volverán un éxito esas cosas y después un milagro, pues recuerda que solo el que persevera alcanza y tendrá éxito y ese éxito será un milagro para el mismo y para toda la gente que lo rodea.

La vida es como una montaña rusa, pues tiene sus altas y sus bajas, y muchas veces subes mucho y otras veces bajas mucho, como otras veces te mantienes en lo alto o te mantienes en lo bajo.

Recuerda que las cosas materiales son para usarse y luego para tirarse o para regalarse, lo cual nunca puedes hacer con un ser humano, pues los seres humanos ni se compran, ni se venden, ni se usan; sino a los seres humanos se les ama, se les cuida, se les aconseja, se les admira, se les apoya, se les ayuda, se protege, etc.

Cuando aceptes la situación que estás viviendo será cuando dejaras de sufrir, pues no aceptar nos causa dolor, así que no pongas resistencia; pero recuerda que no es la situación lo que hace que decidamos sufrir sino es la interpretación que le damos a la situación.

Vive tu vida a tu manera y con tus propias reglas y deja de preocuparte de cómo los demás te ven, pues la verdadera critica de ti mismo, eres tú mismo, pues el único que se puede criticar con toda sinceridad eres tú mismo.

Recuerda actuar como si cada acción tuviera un significado en tu vida y así tu propia vida tendrá siempre un significado, aunque la verdad es que cada acción que hacemos tiene un significado para que podamos lograr nuestros sueños y metas que más deseamos en la vida.

El amor más puro y más real, no es el que es fácil o sencillo, sino es el que nos cuesta mucho.

La persona que tenga confianza en sí misma y en su propio creador ya no podrá temerle al hombre, pues ya confía en él.

La verdadera persona valiente es aquella capaz de perdonar a las demás personas, pues solo aquel que es tan valiente como para poder perdonar, es aquel que puede amar.

Un amigo verdadero es aquel que no te dice lo que tú quieres oír, sino lo que te conviene y es mejor para ti, pues los amigos solo quieren lo mejor para uno. La verdadera fuerza no se encuentra en la capacidad de tu cuerpo, sino en la capacidad que tenga tu corazón y alma para lograr sus más grandes sueños y metas que se proponga en la vida.

Como yo soy imperfecto, voy a tolerar los defectos de los demás hasta que encuentre el secreto que necesitan para que ya no tengan esos defectos, por eso en vez de ser intolerante, me pondré a buscar cómo ayudarlos en sus defectos.

Ser un soñador práctico es desear que nuestros sueños se hagan realidad.

El amor es tan maravilloso y tan fuerte, que puede hacer que todo lo difícil se vuelva fácil, que todo lo amargo se vuelva dulce y que cualquier carga se haga ligera.

"Lo más atroz de las cosas malas de la gente mala es el silencio de la gente buena". Gandhi.

Recuerda que cuando alguien te amé jamás te va a reclamar algo, y siempre te va a tolerar, pues el amor es tolerante, el amor con solo ver lo mejor por el otro se satisface, el amor no necesita nada, más que el poder dar.

Para poder ganar la competencia, no podemos dejar de luchar, dejar de competir, dejar de correr, dejar de actuar y por supuesto dejar de amar con el alma y el corazón, pues el que no persiste nunca alcanzara la meta, nunca ganará el trofeo, nunca conseguirá sus deseos y más grandes metas que se tenga en la vida.

Para hacer que nuestro corazón nunca se apague y siga amando, debemos de seguir amando de todo corazón.

La verdadera aventura es la vida, pues en ella podemos encontrar todas las aventuras que hemos vivido y todas las podremos vivir para siempre. No te preocupes en tener que vivir una aventura, pues la verdad es que la vida es la misma aventura y es la más grande que hay.

Solo una vez viviré, solo una vez pasare por aquí, solo una vez; por tal todo el amor que pueda hacer, toda la bondad que le pueda dar a alguien se la daré, pues muy bien se, que nunca volveré a pasar por este momento, por esta vida, por donde estoy.

Muchas personas tienden a mirarse, y muchas noches, y muchos días se sienten solos, pero no saben que la única persona que está sola, es aquella que no se conoce ni se entiende a sí misma, pues recuerda que tú mismo eres un mundo lleno de pensamientos, y ya por ser tú mismo, ya nunca estarás solo en el mundo.

Si nos gastamos el tiempo y la vida juzgando a los demás, luego ya no tendremos tiempo para amarlos, y ya nunca los pudimos amar, pues juzgar a alguien es hacer menos a alguien y a sí mismo.

EL POCO VALOR QUE
TIENE EL DINERO

El dinero solo compra cosas materiales, como solo quita males materiales, pero el amor es el único capaz de quitar todo tipo de males, sin necesidad de tener dinero, pues recuerda que mucha gente que tiene mucho pan aún se siente hambrienta, pero esta hambrienta de amor, pues la verdadera comida es el amor, pues el amor puede comprar al perdón, puede comprar a la esperanza, puede comprar a la generosidad, puede comprar al cariño, puede comprar al compañerismo, puede comprar a un amigo, puede comprar al mundo entero, puede comprar cualquier cosa, que no sea material, pero el amor hace que ya no busquemos comprar algo material, entonces a la vez nos sacia de las ganas de lo material, como de los espiritual, el amor es lo más bello que puede tener y dar el ser humano.

Cualquier ayuda que podamos dar, o que queramos dar, o que nos pidan vale la pena, vale la pena de verdad la ayuda que sea, con tal de ayudar, lo que sea vale la pena.

Tenemos que dar apoyo de forma incondicional, cuando alguien lo necesita, pues recuerda que la mejor manera de ayudar a alguien es dedicarle nuestro tiempo, así apoyándola cuando necesite de nuestro apoyo.

Una persona sin amigos es como si viviera en el desierto.

Tú puedes, no te detengas

Cuando ya estés cansado de correr y ya no puedas más, entonces trota, cuando ya no puedas trotar, camina, cuando ya no puedas caminar, gatea, cuando ya no puedas gatear usa el bastón, cuando ya no puedas con bastón, usa la silla de ruedas, cuando ya no puedas con la silla de ruedas usa tus palabras para caminar, pero nunca te vayas a detener, pues no permitas que el cansancio haga que te detengas, así que no te detengas, tu sigue hasta el último segundo, vamos para alcanzar tus sueños y metas en la vida.

Pienso que lo peor que podemos hacer es obsesionarnos con nuestro físico, pues al hacer eso gastamos el tiempo para estar con los demás, también gastamos el tiempo para ayudar a los demás y para lograr nuestros sueños que más deseamos, para mi es desperdiciar la vida hacer eso.

La única persona que ha perdido de verdad es aquella que deja de luchar, es aquella que deja de intentar y se da por vencido, pues esa persona ya no tendrá oportunidades de ganar, y entonces ahí es cuando de verdad pierde.

L a persona más hábil, no es aquella que nunca se ha caído, sino es la que se ha caído miles de veces, de hecho casi en todo y ha logrado levantarse todas las veces.

Si te mantienes perseverante no importa que seas una persona dura de entendimiento, créeme que con el tiempo te harás inteligente y si eres débil te harás fuerte.

No importa cuántas veces falles, sino cuantas veces te levantes, pues bien sabes que alguna vez la conseguirás.

Si perseveras en lo que seas, te aseguro que en un tiempo lo lograras, pues la verdadera fuerza no es la física, sino la perseverancia y la capacidad de lograr las cosas.

Lo mejor no es tratar al amigo sino al enemigo hacerlo amigo.

Ofrece amistad a quien pide amor, pues es como dar pan a quien se muere de hambre, pues recuerda muy bien que también existe el hambre de amor y de cariño, y es el más difícil de dar, pero es el que cualquiera puede dar, pues para alimentar esa hambre solo se necesitar dar a uno mismo y no a los demás.

Uno amigo es aquel que tiende tu mano, aunque no lo merezcas, pues es aquel que siempre estará contigo pase lo que pase, sin importar si lo mereces, pues lo va a hacer por amor y no por necesidad.

El amigo fiel se ríe de tus chistes aunque no sean tan buenos y se preocupa cuando tienes problemas aunque no sean tan graves, pues es aquel que con cualquier problema que tengas estará ahí, sin importar si le pediste ayuda.

La vida es como un entrenamiento para el cielo, recuerda que en los entrenamientos uno se puede equivocar, por tal no te preocupes si te equivocaste mejor arréglalo y sigue, pues después ya no tendrás tiempo de entrenar y no podrás disfrutar el estar en el cielo.

Amar y ayudar se llevan de la mano, pues solo aquel capaz de amar, puede ayudar incondicionalmente.

Si quieres vencer el miedo a algo recuerda cuando venciste en experiencias pasadas algo similar o el mismo miedo, pues así te vas a dar cuenta de que eres capaz de hacerlo, por tal no hay nada que temer.

Si uno es capaz de perdonar a cualquier, quiere decir que uno es capaz de lograr cualquier cosa y también es capaz de amar a cualquiera.

Cuando sientas que ya no puedes seguir caminando o cuando te sientas sin ánimo, es cuando más tienes que darte ánimos, es cuando más tienes que alzar la mirada y seguir andando hasta que te vuelvas a sentir así y volver a alzar la mirada.

Cuando no te esté sucediendo ninguna cosa positiva o buena, y no entiendas por que suceden, quiere decir que eres muy afortunado, porque gracias a esto has podido reflexionar, lo cual va a hacer que tú puedas cambiar y mejorar tu manera de pensar las cosas y de ser.

La vida no es más que una siembra de hábitos.

Es muy chistoso que el sufrimiento puede hacer que podamos brillar, que podamos ser mejores personas, que nos una más a Dios, siempre y cuando El sufrimiento no nos haya quitado nuestro optimismo, nuestra felicidad y nuestro ánimo.

Si en cada momento de tu vida y en cada acción que llegas a hacer tienes presente en tu mente y en tu corazón a Dios todo poderoso, te puedo asegurar que podrás lograr cualquier cosa y además siempre te sentirás querida/o y en paz en cualquier momento de toda tu vida, pues recuerda que Dios es amor, él es luz, él es paz y fortaleza, lo cual hará que siempre logres todas las metas que te propongas.

Si un niño se diera por vencido la primera vez que se equivoca jamás aprendería a caminar, ni a hablar, ni a escribir, ni a nada, pues recuerda que solo equivocándonos podremos lograr las cosas. Practica todas las cosas, hasta que las logres, pues recuerda muy bien que nunca lograras algo con el primer intento que eches a andar, pues recuerda que es mejor levantarse ocho veces que haberse caído siete y no levantarse la siguiente vez, pues es muy importante que seamos capaces de levantarnos y enfrentarnos a nuestros problemas.

La vida es un examen, es una prueba, es una batalla, pero no es un examen en el cual si te equivocas ya no puedes corregir ese error y que cada error cuenta, sino es un examen en el que lo único que cuenta son los aciertos y los errores los podemos corregir si no lo proponemos de corazón de hacerlo. El éxito es la habilidad de pasar de un error o fracaso a otro sin dejar de tener esperanzas, sin dejar de tener entusiasmo para seguir haciendo las cosas aunque fracasemos o no fracasemos.

Recuerda que no fuiste creado para que te quedaras en el suelo arrastrando, sino para que te levantaras cada vez que te cayeras al suelo.

Los fracasos son regalos porque nos preparan para poder llegar a lograr nuestras metas. Recuerda que el fracaso es el camino al dominio total, así que recuerda que para lograr algo vas a tener que fracasar y lo más probable es que no solo una vez, sino dos o tres o cuatro o cinco o hasta miles de veces fracasadas para que logres algo, pues recuerda que lo que vale la pena lograr u obtener cuesta mucho trabajo, y uno tiene que seguir hasta que lo logremos. Si no has conseguido lo que deseas quiere decir que no has hecho todo lo posible para conseguirlo, a continuación te daré una receta para que logres todos tus sueños:

Intenta
Fracasa
Intenta

Fracasa

Intenta

Fracasa

Intenta...

Así es, la receta perfecta para lograr cualquier cosa es intentar hasta lograr lo que desea uno, pues recuerda que no importa cuántas veces te has caído, sino cuantas veces te levantas.

Pues recuerda que si el hombre fuera fuerte, constante y perseverante, el sería perfecto.

Recuerda que las palabras no tienen valor a comparación de las acciones, pues las acciones son las que pueden cambiar y mejorar las cosas. No importa si dices, lo importantes es si lo haces, pues cualquier puede hablar, pero solo una persona valiente es capaz de actuar de acuerdo a lo que dice.

Por cada discapacidad que tengas o habilidad que no tengas, tú tienes una capacidad o una habilidad.

Hay que ser pacientes en todo, pues si aún no te llegan tus sueños o las oportunidades que tú deseas, quiere decir que aún no se ha acabado el proceso para que seas capaz de lograr tus sueños u oportunidades que tanto querías que te llegaran en la vida, pero de todas maneras te llegaran.

El que quiere subir, tiene que empezar con el primer escalón.

El problema no es criticar, sino es hablar de algo que no conocemos al cien por ciento, pudiendo herir los sentimientos de otra persona.

Ser paciente no es cruzarse de brazos sino es aceptar las pruebas que nos pone la vida hasta llegar a nuestros objetivos. La paciencia hace que seas más fuerte y que puedas razonar mejor. La paciencia es constancia, pues solo el que es capaz de ser paciente, es aquel que persevera y alcanza sus metas y más grandes sueños en la vida.

Lealtad es la capacidad de entregarse a otros sin esperar que los demás se entreguen a nosotros y hacerlo por convicción propia. La lealtad es el camino a la grandeza, es el camino al éxito, pues solo aquel capaz de serle leal a sus sueños, los podrá lograr. Lealtad es mantenerse de pie ante las adversidades, con tal de lograr lo que deseamos, lealtad es la capacidad de nunca abandonar a pesar de lo que suceda. Es un compromiso a defender lo que creemos y en quien creemos y amamos de todo corazón, por toda la vida sin importar lo que suceda.

La paciencia es una de las virtudes más importantes, pues es la más difícil de poner en práctica.

La amista es un árbol que se siembra con amor, pero que también se cuida con lealtad y perseverancia. La lealtad no pide nada, ni espera que le pidan que llegue, sino esta llega por sí sola, pues la lealtad es una decisión que debe tomar cada quien, pues es un compromiso.

Uno de los mayores talentos que podemos tener es la paciencia, pues este talento nos ayudara a tener grandes logros en la vida.

Sé paciente, pues recuerda que todo tiene un proceso, pues hasta la naturaleza que fue creada por Dios tiene un proceso, y muchas veces el proceso que tiene la naturaleza es muy lento.

Nunca una noche ha vencido al amanecer, y nunca un problema ha vencido a la esperanza.

Si quieres triunfar, no te quedes mirando los obstáculos que tienes o los escalones que tienes que subir, mejor sube escalón por escalón u obstáculo por obstáculo, hasta llegar a la cima.

Sé paciente con todo lo que te pasa, pero sobre todo contigo mismo, pues recuerda que siempre vivirás contigo mismo. El hombre puede lograr ser paciente a cualquier cosa siempre y cuando sea paciente consigo mismo y con sus errores.

La verdadera fuerza es la paciencia y el tiempo, pues ambos hacen más que la violencia y la fuerza física.

La paciencia es más fuerte que la violencia e incluso que la propia fuerza.

El primer secreto para lograr el éxito es la confianza en sí mismo.

Si quieres ganarte la confianza de alguien, empieza poniendo tu confianza en esa persona.

La más grande victoria que uno pueda obtener es tener confianza en sí mismo, siempre confía en ti y en lo que puedes lograr y veras que con ello podrás lograr cualquier victoria que te propongas a lograr. Nuestra confianza es nuestra capacidad de lograr las cosas, pero si uno no tiene confianza, quiere decir que uno no tiene capacidad en lo absoluto.

La sinceridad es como la raíz que sale del amor para que uno sea capaz de obtener las demás virtudes.

SI CREES QUE PUEDES
ESTAS EN LO CIERTO

Creer que algo es posible de lograr es como crear algo o lograr algo. El que menos sabe, es el que más cree. Recuerda que tú puedes si crees que tú puedes, si crees que no puedes, entonces no puedes.

Los pensamientos más profundos son aquellos que parecen tan sencillos, que todos creemos haberlos pensado nosotros mismos.

Es mejor haber perdonado que haber olvidado.

Ser valiente es tener esperanza y fe en aquello que no se cree, pues aunque no crea, tiene confianza en que puede existir. Ser fuerte es ser capaz de amar a alguien y de hacerlo feliz aunque tenga el corazón destrozado y se sienta mal.

La vida es una delicia que no debemos desperdiciar ni un solo día, pues es un regalo de Dios.

Amate, pues tú eres tu propio regalo sagrado de Dios creador.

La grandeza de tu cuerpo no cuenta, la grandeza de tu cuerpo cuenta, pero sobre todo cuenta la gran grandeza de tu corazón, pues recuerda que por el damos amor, y amor es vida eterna, pues es Dios verdadero.

Recuerda muy bien que lo que cuenta no es lo que se le da a alguien, sino el amor con el que se dan las cosas a los demás. El día que aprendas a perdonar tus errores, podrás ser capaz de perdonar los del que más te ha herido de verdad. Y te podrás dar cuenta de que tú hiciste más daño que la otra persona.

El amor cura a la persona que lo da como a la que lo recibe, pues la verdadera medicina de todos los males es el amor incondicional que podemos recibir y que podemos dar.

Vivir solo con lo que conocemos porque tenemos miedo a lo que no conocemos es como tener una vida sin vivir, pues tenemos que conocer para poder vivir de verdad.

Cuando en la vida estés desperrado, y tengas miles de razones para llorar de verdad, tú tienes que demostrar que tienes miles de razones en tu vida y en tu corazón para reír.

El amor no se compra, se nace del fondo de nuestro propio ser y corazón.

Puedes vivir tu vida de dos maneras: pensando y viendo como si nada fuera un milagro o pensando que todo en tu vida es un milagro hermoso.

Recuerda muy bien que la mejor vida no es la más larga, sino la más llena de buenas acciones hacia los demás.

La vida se acaba, el amor no.

Las personas felices aceptan las cosas que no tienen remedio, pero luchan por aquellas que tienen solución.

Recuerda muy bien que el amor verdadero e incondicional, y que los grandes logros pueden hacer que tengamos grandes riesgos en la vida, pero recuerda que las cosas que valen la pena cuestan mucho.

Recuerda que si tú apoyas a alguien al mismo tiempo te apoyas a ti mismo, así que no dejes de apoyar a alguien que lo necesita.

VIVE LA VIDA A TU MANERA

Recuerda bien que todos venimos a este mundo a vivir nuestra propia vida, por ello yo no vine a este mundo a vivir según tus expectativas de vida, ni tu viniste a este mundo a vivir según mis expectativas de vida, pues cada quien vive según su vida y lo que desea hacer con ella. Recuerda que si vives tu vida compitiendo con alguien, siempre van a perder los dos, pues ambos son diferentes, y no tienen que competir con nadie.

La vida es como un abrir y cerrar de ojos, así que no la desperdicies.

Recuerda que si tú das amor, te llegara amor, pues el amor es como un imán, maravilloso, pues atrae amor, sin importar a quien amemos este llegara amar.

Recuerda que si ayudas con el corazón, no siempre te agradecerán como tú quisieras, pero tú alma y tu corazón te seguirán motivando a que sigas ayudando a los demás, por tal recuerda que no vas a ayudar para que te agradezcan, sino para que ellos estén mejor y para que tú sigas motivado hacia la vida. La mayor motivación es ayudar a los demás de todo corazón, así que si quieres que tu vida tenga sentido empieza a ayudar a los demás, pero sin esperar a que te agradezcan.

Las personas que abren el camino a la grandeza, no son las que buscan las grandes oportunidades para lograr sus sueños, sino son las que crean las grandes oportunidades para lograr sus sueños, y son las que siempre podrán lograr cualquier cosa, pues no esperan a buscar, sino crean.

Hay una fuerza más resistente y poderosa que la electricidad, la energía atómica y el vapor. Esa fuerza es la voluntad, la voluntad de lograr las cosas.

Tú puedes regalar algo a alguien sin tener que amar a esa persona, pero no puedes amar a alguien sin darle algo. El amor es más potente que el dar.

La mejor manera para que sigas teniendo amor en tu vida, es dando amor a la gente que te rodea y que conoces.

Recuerda que cualquier persona puede ser tu amiga o tu enemiga dependiendo de qué decidas que sea de ti.

Mientras no aceptes quien eres no podrás apreciar ni aceptar lo que tienes.

Recuerda muy bien que tu felicidad consiste en que hagas el bien a las demás personas y a ti mismo, pues solo así podrás ser completamente feliz, y para hacer el bien primero te tienes que amar a ti mismo tal y como eres y después empiezas ayudando y amando a los demás.

Una persona realmente amorosa es la que logra amar y ayudar a todas las personas, y esta llegara a tomar decisiones difíciles para poder apoyar a todo el mundo de manera justa e incondicional.

La persona que ha decidido hacer de su vida un acto de amor y de ayuda incondicional a los demás, es aquella que no piensa en el dinero, ni en los halagos, ni en la diversión, ni en la belleza física (la belleza no real), pues esta persona ha encontrado el verdadero significado de la vida, que es amar, ayudar y apoyar de manera incondicional a todas las personas que estén a nuestros alrededores.

El amor es capaz de embellecer toda la vida, y es el que multiplica la belleza de cada persona.

Recuerda que tu vida es amor, así que si tú amas, las cosas buenas por si solas llegaran a tu vida y a tu corazón.

Si tú no has encontrado a alguien a algún sueño por el que morirías, por el que podrías dar tu vida, entonces quiere decir que aún no mereces vivir, pues no has encontrado el significado de la vida.

Recuerda que Dios siempre te dará más de una oportunidad para que logres tus sueños, tus retos y tus metas en la vida, así que no te rindas con la primera vez que fallaste en lo que deseas lograr.

Ten fe en lograr todos tus sueños, pues es muy posible si tu estas decidido a cumplirlas a pesar de todos los problemas por los que puedas pasar.

Encuentra tu sueño, no dejes de soñar.

Recuerda que cambiar tu vida, tu tristeza a alegría, tu frustración a esperanza depende solo de ti, así que ponte a actuar por ti mismo.

Recuerda que donde hay amor, fe y paz esta Dios y donde esta Dios no falta nada, por tal llena tu vida de fe, de amor y de paz contigo mismo y con los que te rodean y veras que no necesitas nada más en tu vida, pues Dios está contigo y teniéndolo a él ya no necesitas de nada, ni de nadie.

Cuando haces a alguien muy feliz, no puedes evitar sentirte feliz contigo mismo.

Haber fracasado en algo, no quiere decir que seamos un fracaso o que hayamos hecho todo mal, o que no tengamos la capacidad de lograr el éxito, sino quiere decir que aún no hemos encontrado el secreto para lograr nuestro éxito, y que además no somos perfectos, por tal necesitamos seguir intentando hasta lograrlo.

Debes confiar en lo que te hace feliz y en lo que deseas lograr para que las cosas se hagan realidad.

Recuerda que si tienes miedo a fracasar, a perder, a que suceda algo malo, entonces nunca podrás lograr tus más grandes sueños, pues el miedo es lo único que puede hacer que las cosas se vuelvan imposibles de lograr.

"¿Por qué aguardas con impaciencia las cosas? Si son inútiles para tu vida, inútil es también aguardarlas. Si son necesarias, ellas vendrán y vendrán a tiempo." Amado Nervo.

Recuerda que no puedes dar amor que no se incondicional, porque el amor no incondicional no es amor, pues se vuelve un trueque, por tal solo amas de verdad si amas incondicionalmente, sin necesitar que la otra persona te amé o te de cosas.

Recuerda convertir cada error o cada fracaso en una arma para seguir luchando y poder llegar al éxito que deseas lograr en tu vida, porque el fracaso es solo un paso para el éxito.

Uno se siente mejor amando a toda la gente a la vez que solo amando a una a una persona.

Vamos a amar con el corazón y así podremos encontrar nuestro verdadero propósito en la vida, y con ello podremos ser felices por mucho tiempo, pues nuestro propósito nos puede ayudar a que seamos felices.

No esperemos a que se encienda la luz de la esperanza de las personas, mejor enciéndanosla en cada persona y así nos dedicaremos a ayudarlos.

Cualquier cosa que te suceda en la vida te puede llevar al éxito siempre y cuando tú estés decidido a que te lleve al éxito.

Recuerda que tu mereces lo mejor, por ello debes aceptar lo mejor que te de la vida, que es el amor.

El verdadero arte de dar es el dar de lo que tengamos, dar de nuestro tiempo, dar de nuestras ropas, dar de nuestra comida, dar de nuestro dinero, dar de lo que tengamos, y aunque esto parezca que disminuye nuestras posesiones es todo lo contrario nos las aumenta, pues el que da obtiene más, y el que da con amor incondicional obtiene todo lo que necesita para toda la eternidad.

Muchas veces has buscado el éxito y te ha llegado solo el fracaso, así que no le hagas como el agricultor que esperaba cosecha de lechuga y el tenia cosecha de melón. Por tal no esperes cosecha de éxito si tú no sembraste éxito, más bien sembraste fracaso u otra cosa.

Alguna vez te has sentido la persona más desafortunada del mundo, pero no te das cuenta de que o tienes salud, o tienes comida, o vives en un país desarrollado con educación, vivienda y con personas que te quieren. Y todo ello lo tienes gratis, sin haber hecho ningún mérito especial que te haga mejor que aquéllos que no tienen nada. Por ello deja de quejarte y piensa en esto:

A ver si los que tenemos más nos quejamos menos por lo que nos sucede y hacemos más por los que tiene menos.

Recuerda que hacerle una simple palabra, un gesto o una mirada a alguien, pueden hacer mucho bien o mucho daño, según la intención con que vayan dirigidas, por tal fijémonos en lo que vamos a hacer antes de hacerlo para no lastimar a nadie.

Aprender algo sin haberlo entendido, y sin saber por qué es así es como si no hubiéramos aprendido nada, pues solo el que reflexiona es el que aprende de verdad las cosas.

"Nada te turbe, nada te espante, quien a Dios tiene, nada le falta, sólo Dios basta".

Ten confianza en dios, pues con Dios basta todo lo que necesitas en la vida.

El éxito no siempre tiene que ver con lo que mucha gente piensa, no tiene que ver con cuantos carros tienes, ni que empleo tienes, ni tiene que ver con el poder que tienes en tu empleo o en tu puesto, ni se debe a la ropa que traes puesta ni a donde te vas de viaje. El éxito tiene que ver cuanta gente te sonríe, a cuanta amas y cuantos admiran tu sinceridad y tu personalidad que conlleva la sencillez de tu propio espíritu. El éxito es acerca de tu bondad y de tu deseo de servir a las demás personas con el corazón, es tu capacidad de escuchar los deseos y las necesidades de los demás y es tu valor sobre la conducta de los demás y sobre lo que ellos hacen y sienten cada día de su vida. El éxito se trata de saber dar amor incondicional y de saber recibirlo de todo corazón y con toda la humildad posible.

No le eches la culpa a nadie de lo que te sucede en la vida, pues tus eres el que ha sembrado y creado su vida dependiendo de lo que tú has deseado obtener y hacer de tu vida, por tal el único culpable de que te sucedan esas cosas eres tú mismo.

Para lograr el éxito nunca tomes caminos más cortos, pues esto puede ser peligroso para ti y para tu propio éxito en la vida.

Recuerda que el amor es paciente y espera a que las cosas se arreglen y no espera recibir nada de la persona que ama, pero si uno deja de amar y empieza a ser un capricho entonces ya no será paciente y ya esperara recibir algo amando a la otra persona.

Nunca será tarde para que busques un mundo mejor y mucho más nuevo si tienes esperanza y perseverancia.

Recuerdas que te dije que cada día era una nueva oportunidad para cambiar y para mejor nuestra manera de ser, pero no te dije que cada día es como un año nuevo para el corazón, pues cada día nuestro corazón puede amar a más personas, cada día nuestro corazón puede perdonar a más personas, cada día nuestro corazón puede lograr amar a todo el mundo, por tal cada día que despiertes abre tu corazón y ve si ya eres capaz de amar a más personas o por lo menos si ya eres capaz de amar a tu propio prójimo que vive contigo.

Recuerda que tú tienes el poder de transformar y de curar tu vida, por tal trata de sanarla teniendo pensamientos positivos, trata de sanarla ayudando a las personas.

Recuerda que si te sientes sin esperanzas dedícate a darle esperanzas a alguien que no las tiene y así vas a poder encontrar esperanzas en tu vida.

Rico es el que vive con lo que tiene sin necesitar nada, pues no debe nada y tiene tiempo para compartir su amor y sus cosas con las demás personas.

Comparte tus conocimientos, pues así serás capaz de obtener más conocimientos y de aprender más en la vida.

Recuerda que tienes en tu interior todos los ingredientes necesarios para lograr el éxito, pues el éxito está en ti, el éxito está en tu corazón, el éxito eres tú.

Recuerda que cada cosa que te sucede puede volverse un éxito si tú lo ves como un éxito, pues si vas a algo negativo como un éxito, quiere decir que tienes toda la razón pues aprendiste de lo negativo que te sucedió, pues recuerda que un aprendizaje también es un éxito en la vida, y son los éxitos más comunes que tenemos.

ENTRE MÁS DES, MÁS TENDRÁS

Recuerda que entre más amor des vas a tener más para dar a las demás personas y en especial eso va a ser amor. Recuerda que si te amas te conviene perdonar a los demás y a ti mismo, y si te amas entonces tu eres capaz de amar a todo el mundo. La vida es relacionarse con todo lo que nos rodea, pues uno se relaciona hasta con las cosas materiales y con las palabras que decimos o escuchamos, pero la relación más importante es la que tienes contigo mismo pues de esta relación nacen las otras relaciones que pueden ser positivas o negativas dependiendo de cómo sea la relación que tienes contigo mismo.

Recuerda que los pensamientos que tienes en tu interior se pueden llegar a hacer las respuestas para el éxito en la vida, por tal siempre fíjate en los pensamientos que tienes en tu interior pues muchas veces estos son las llaves hacia el éxito o hacia nuestros sueños.

¿Por qué llorar mientras va caminando si hay gente a sus lados que va sonriendo y no tiene pies? Es muy importante que nos demos cuenta de que el verdadero éxito es ayudar a los demás, es amar a las demás personas, por tal porque lloramos muchas veces cuando nos pasan cosas un poco desagradables si hay gente que toda su vida está en desgracias y además está sonriendo.

Recuerda que tú no eres responsable de la cara que tienes, pues eso solo son genes, pero si eres responsable de la esperanza, la alegría, el amor, el apoyo, la ayuda, la sonrisa que le puedes dar a alguien, pues recuerda que si tuviste la capacidad de dar alguna de estas cosas a alguien y no lo hiciste también eres responsable.

Tal vez alguna vez te has sentido mal o te sientes mal y no te puedes perdonar algo que hiciste, entonces ponte a ayudar a alguien y te prometo que así serás capaz de perdonar a cualquier persona, pero sobre todo a ti.

Haz la mejor tarea del mundo, que es ayudar a las demás personas.

"Parte de la felicidad de la vida consiste, no en entablar batallas sino en evitarlas. Una retirada magistral, es en sí misma una victoria…" Norman Vicent Peale

No te conformes con lo que te sucede en la vida, mejor arriésgate y haz tus sueños realidad, pues recuerda que cada día que pasa es una oportunidad menos para lograr nuestros más grandes sueños en la vida, por tal arriésgate y vive la vida al máximo.

Si le tienes miedo a la muerte date cuenta de que de todas maneras te vas a morir y que la muerte no es el fin de la vida sino es el inicio de ella.

La vida es maravillosa y recuerda que es toda tuya, pero no permitas transformar tu vida por las opiniones de los demás, pues tu es tu vida a tu manera pues es la mejor manera como la puedes vivir, por tal a disfrutar tu vida, pues solo tienes una.

Se firme en lo que haces y se perseverante con tu sueño de vida, pero recuerda ser paciente pues las cosas no llegan luego, pues recuerda que todo lo que vale la pena cuesta.

"No hay nada que pueda compararse con el valor de las gentes normales, cuyos nombres son desconocidos y cuyos sacrificios pasan inadvertidos."

Aung San Suu Kyi

La vida es un regalo que se nos ha dado para disfrutarlo al máximo y pienso que no hay mejor manera de disfrutarlo que ayudando a los demás de todo corazón.

Las grandes obras y acciones son hechas con la perseverancia y no con la fuerza, pues la perseverancia es como el agua que Riga nuestros más grandes sueños para que se hagan realidad, así que nunca nos demos por vencidos en nada.

Recuerda que no te sirve de nada gritar, pues gritar no arregla las cosas así que mejor se paciente y actúa y así las cosas mejoraran en el mejor momento que puedan mejorar.

El mayor talento que pueda uno tener es el de la perseverancia pues este talento es el que hace que obtengamos todos los demás talentos.

La verdadera persona éxito es la que ha podido amar a mucha gente incondicionalmente sin importar lo que les hayan hecho, pero no con ello te quiero decir que las personas exitosas solas que se dejan sino son las que perdonan y son lo suficientemente amorosas para seguir amando y perdonando pero sin dejarse.

Creo que lo que verdaderamente nos hace nosotros es ayudar a las demás personas, pues nosotros somos paz y amor.

Ama, pues tú eres amor total y puro.

Entre más grandes sean tus sueños más difíciles será conquistarlos y habrá más gente en contra de que los realices, pero hacerles caso a esas personas de abandonar nuestros sueños es como hacerle caso a alguien de ser su propio esclavo así que si alguien te dice que tu sueño es imposible de lograr no le hagas caso pues recuerda que tú debes vivir la vida a tu manera y no a la manera de los demás pues no vives según las expectativas de los demás.

La importancia de la esperanza y la confianza en uno mismo

Si crees que la esperanza no existe quiero que sepas que nunca he sabido de alguna persona que tenga esperanza y que el problema sea más fuerte que esta.

Hay que ponernos a amar a las demás personas pues muchas veces basta una sonrisa o un abrazo para hacer sentir bien a una persona, pues los pequeños actos de gentileza son mayores que un enorme acto de gentileza.

"Lo mejor que puedes dar a tu enemigo es el perdón; a un oponente, tolerancia; a un hijo, un buen ejemplo; a tu padre, deferencia; a tu madre, una conducta de la cual se enorgullezca; a ti mismo, respeto; a todos los hombres, caridad. "John Balfour.

Si crees que hacer las cosas con prisa va a hacer que las logres estas en lo incorrecto pues todo se tiene que hacer con paciencia pues todo tiene su propio proceso, pues el que hace las cosas con impaciencia en vez de arreglarlas las arruina.

El que no tiene generosidad no puede exigirla de los demás, el que no tiene sabiduría no puede exigirla de los demás, el que no tiene paciencia no puede exigirla de los demás y el que no se ama a sí mismo no puede exigir que lo amen a él.

Sé paciente contigo mismo y podrás ser paciente con cualquier persona pues la paciencia empieza en casa así que si haces algo mal se paciente contigo mismo y así podrás ser paciente con lo malo que hizo alguien.

Muchas veces las personas que se nos hacen más difíciles de perdonar somos nosotros mismos por tal ten paciencia contigo mismo y te podrás perdonar a ti mismo y así podrás perdonar cualquier cosa o persona.

Recuerda que cada persona es un universo así que el infierno puede estar dentro de ti si tú lo permites al igual que el cielo puede estar dentro de ti si tú lo permites pues todo depende de lo que tu deseas en tu mente, pues la persona que no se ama es la persona que ha elegido vivir el infierno y la persona que se ama es la que ha elegido vivir una vida buena, pero la persona que se ama y ama a las demás personas con todo el corazón es la que ha elegido vivir en el paraíso toda la eternidad.

Critica más importante que obtenemos es la de nosotros mismos pues con esta crítica seremos capaces de criticar a los demás.

Si te sientes seguro de quien eres y de lo que quieres lograr entonces eres capaz de ser humilde con las demás personas todo el tiempo.

Que nadie elija la vida que tienes por ti, pues esa vida solo te pertenece a ti.

Recuerda que no importa lo que te ocurre en tu vida, sin lo que importa es como reaccionas ante lo que te sucede.

Recuerda que todo lo que te sucede puede llegar a tener algo que te beneficie, pero también hay cosas que te suceden y algunas tienen cosas que te perjudican así que ve las cosas que te benefician siempre y no te preocupes por las que te perjudican pues las cosas siempre te benefician y algunas veces te perjudican, por tal hay que ver lo positivo.

La felicidad no llega con el éxito, sino el éxito llega con la felicidad, así que si eres feliz con lo que eres pero deseas lograr algo te llegara pronto, pero si no eres feliz y no te aprecias pero deseas lograr algo nunca te llegara hasta que te ames y te aprecies tal y como eres y así puedas ser feliz con la vida que tienes antes de lograr tus sueños.

El éxito no siempre está relacionado con vencer a alguien a algo sino el éxito está relacionado con la fe, la confianza, la perseverancia en sí mismos, la felicidad, pero sobre todo el amor al sueño que queremos lograr y a la gente que vive con nosotros, pues solo el que ama, confía y persevera es el que tendrá el éxito asegurado en toda su vida.

Para mí el mayor éxito es el servicio a los demás.

Les voy a contar sobre una persona que admiro mucho que se llama Albert Casals, Albert Casals es un joven que está en silla de ruedas y que antes tuvo cáncer, y él está viajando por todo el mundo, de hecho ha viajado por más de 30 países desde los 14 años en su silla de ruedas y además solo. Creo que este chico es digno de admirar por que ha tenido la valentía de viajar por todo el mundo en su silla de ruedas sin dinero y él nos demuestra que la vida no tiene límites, que no importa si somos muy jóvenes o si estamos en una silla de ruedas pues nosotros somos capaces de hacer cualquier cosa. Albert es alguien que me ha dejado en mi vida la prueba de que nada es imposible. Albert escribió un libro sobre su vida que se llama "La vida sobre ruedas", pienso que es un libro que los va a motivar mucho a ver la vida de una mejor manera.

Albert te dice que su vida es la búsqueda de la felicidad y que lo que le hace más feliz es viajar y conocer personas totalmente diferentes a las de aquí. Albert nos motiva a que busquemos la felicidad en lo que más nos gusta hacer, por tal creo que nos motiva a seguir nuestros sueños y a realizarlos diciéndonos que no hay límites en la vida, por tal sigue tus sueños sin importar cuales sean.

Llegar a tener éxito en la vida no es llegar a obtener fama por lo bien que haces las cosas sino es llegar a hacer las cosas que deseas hacer sin importar como las hagas y sin tener que tener fama a la fuerza.

En los obstáculos que aparezcan en tu vida siempre sigue adelante sin importar nada.

Vive tu vida como si fueras a vivir cientos de años para que así vivas siempre feliz, pues imagínate vivir cientos de años triste, pero también vive como si fueras a morir mañana pues imagínate vivir toda una vida sin haber logrado tus sueños por tal piensa que morirás mañana y así tendrás la prisa y las ganas de lograr tus sueños, por tal vive tu vida lo mejor posible y logra tus sueños.

Ahora te invito a que digas: "Yo voy a soñar despierta, yo voy a encender la luz y voy a lograr mis más grandes sueños sin importar en la situación que estoy, pues yo voy a lograr hasta lo imposible".

Te acuerdas que te dije que si crees que tienes la capacidad para lograr tus sueños la tienes, bueno pues es cierto pues si piensas que tienes la capacidad de lograr las cosas tú la tienes aunque no la tengas en el momento que lo pensaste lo vas a tener porque tienes la confianza en ti.

Recuerda que no hay nada que pueda limitar más a que alcances tus sueños o metas que tu propia mente y no haya nada que pueda expandir las posibilidades de que lo logres más que tu mente.

Da a los demás lo que tienes, pero dalo con alegría pues pienso que dar las cosas con alegría nos da un gran bienestar y ese bienestar es nuestro premio, pues el verdadero premio no es lo material sino el bienestar de nuestra persona y la felicidad de nosotros.

Te acuerdas que te dije que la verdadera valentía era la de las personas que perdonaban bueno pues no te dije que la verdadera fuerza y el verdadero amor es el arte de no ofender.

La felicidad y el amor son las mejores medicinas pues no hay medicina que pueda curar lo que han curado la felicidad y el amor en las personas, pues la persona que ama y es amado nunca se enfermara de algo muy grave pues ya tiene la medicina que necesita para toda la eternidad.

No te preocupes por lo que hacen los demás, preocúpate por lo que haces tú

Recuerda que cada persona da lo que tiene en su corazón y en su alma así que no te pongas triste con la actitud de algunas personas no pierdas lo que tú eres realmente y lo que tú quieres hacer por otras personas, recuerda que enojarse causa daño a nuestro corazón y a nuestra salud.

Se dueño de tus propias emociones y sentimientos en la vida. No pierdas la paciencia y la confianza. Por tal da lo que tu corazón quiera dar al principio.

No te preocupes por si la otra persona no te agradeció con lo que le diste, tú sigue siendo tú con tu propio corazón y regala por qué es lo que tú quieres hacer sin importar lo que hagan.

Amar es Enseñar. Si amas a alguien no le des la comida, mejor enséñale a obtener la comida, dale herramientas para que la obtenga, pues así esa persona podrá vivir con comida toda su vida sin que tú le tengas que dar.

Si amas a alguien enséñale a ser buena persona, enséñale a amar, enséñale a soñar, enséñale a vivir intensamente, enséñale la esperanza de Dios, ayúdalo a luchar, amar no es sentir lastima, amar es enseñar, si amas a esa persona invítala a ir a la escuela, enséñale los beneficios de estudiar, enséñale a leer, si es que lo amas enséñale a obtener su propia ropa.

Si tú no vives para apoyar a los demás, ni para ayudarlos ni amarlos, entonces no vives para ti mismo y si no vives para ti mismo, entonces no sabes vivir.

Una persona que no tiene esperanza, ni sueños, ni alegrías es una persona que ya no está viviendo, es una persona que ya está muerta.

Tú eres libre de hacer cualquier cosa, por tal haz lo que tú desees hacer en tu vida, no te preocupes por si a los demás les gusta lo que tú haces, tú hazlo porque te hace feliz hacerlo.

Esfuérzate con todas tus ganas pues así te darás cuenta que no tienes límites para hacer las cosas y que tú puedes lograr hasta lo imposible.

La persona que no ama, que no ríe y que no se ama a sí misma es la persona que no está actuando como lo que es, pues cualquiera está hecha para amar y reír.

Recuerda que las actitudes positivas hacen que obtengamos las cosas y las actitudes negativas que las perdamos, pues recuerda bien que si queremos lograr nuestros sueños, además de la fe, confianza y perseverancia necesitamos tener una actitud positiva para poder obtener lo que deseamos y queremos de todo corazón.

Es mejor ser una buena persona que una guapa persona, pero es mejor ser una fea y buena persona que ser una guapa y mala persona.

Los sueños serán siempre posibles de lograr siempre y cuando las personas estén siempre decididas de lograrlos y ten la confianza y la fe en sí mismos.

Todo lo que puedas hacer ahorita hazlo, pues tal vez después ya no tendrás la oportunidad de hacerlo.

Perdonar algo es como borrar algo de nuestras vidas, así que perdona cuando algo que te haya pasado haya sido doloroso para ti.

Hay que vivir lo mejor posible nuestra vida, así que hay que ser felices.

Todos somos capaces de lograr cosas maravillosas, pero muchas de estas cosas no son tan comunes entre la gente que conocemos, en pocas palabras no son familiares, entonces no nos decidimos a hacerlas, pues preferimos hacer lo que todos hacen, y no nos damos cuenta que las cosas más extraordinaria y maravillosas que podemos hacer son las cosas más familiares para nosotros mismos, tal vez no para los demás pero para nosotros si los son.

¿POR QUÉ AMAR A UNA PERSONA SI PUEDES AMAR A TODAS LAS PERSONAS QUE CONOZCAS?

Ahora me doy cuenta que las personas más normales no son siempre las que se casan y luego tiene hijos, sino son las personas que logran sus sueños, son las personas que logran el éxito que es el servir a los demás y también es ser capaz de amar a toda la gente que está en nuestra vida.

No tienes por qué justificar los deseos y sueños que tienes en tu alma, pero si tienes que sacarlos de tu alma o mejor dicho si tienes que realizarlos con toda la dedicación, confianza y el amor posible.

Logra tus sueños ahora, pero eso si recuerda tener siempre paciencia para lograr cualquier cosa en la vida.

Lo más importante en nuestra vida es el amor y el servicio o apoyo a los demás, pues teniendo esto en nuestra vida podremos vivir plenamente y felizmente todos los días de nuestra vida.

Nadie puede vivir dos veces, por tal disfruta tu vida, pues solo tienes una, solo tienes una para lograr todos tus sueños y tus más grandes metas en la vida.

Se tú mismo, no seas lo que los demás quieran que tú seas en la vida, pues es tu vida.

Siempre elije el camino que tu corazón te diga que sigas y no sigas el que tu cerebro diga que tú sigas pues este no siempre será el correcto, en cambio el del corazón siempre lo será.

Nunca pierdas la esperanza, ni el amor ni la bondad, pues estas son tres cosas que te ayudaran a soportar y a lograr cualquier cosa en la vida, pero eso si aun así te costara trabajo lograr muchas cosas, pero si tienes estas tres cosas en tu alma y en tu corazón siempre podrás lograr las cosas.

LA HERMOSA EXPERIENCIA DE LA VIDA

Vivir es saber que cada segundo y momento que vivimos es único, y que nunca más volverá a pasar, vivir es amar intensamente sin importar si nos aman, vivir es ser libres de todo recomer, de todo sueño, vivir es si lograr lo que deseamos y es no hacer lo que nos dicen, vivir es ser tan tercos como para hacer lo que deseamos hacer siempre y cuando sea algo que no lastime a nadie y que solo beneficie a los demás y a uno mismo.

Vivir es dar lo mejor de sí mismo. Vivir es saber que no vivimos en vano, sino que vivimos para un propósito que tenemos en la vida. Vivir es saber que tenemos la capacidad de lograr todo.

Se libre, haz lo que tu corazón y tu alma te digan que hacer.

El éxito no es un destino, el éxito es una decisión, es un trabajo, es un viaje lleno de obstáculos para poder conseguir lo que tanto deseamos, así que recuerda con esto que cualquiera puede tener éxito.

La soledad no es tan bella como la compañía, pues en la soledad uno puede amar pero no demostrar el amor, y en la compañía uno puede amar y además uno puede demostrar amor. Es bueno dar cuando la gente nos pide que les demos, pero es mucho mejor que les demos sin que nos pidan, pues esto quiere decir que somos buenos entendedores. Recuerda que tú eres el creador de ti mismo, Dios te da las bases de ti y tú construyes todo lo demás, así que tú eres lo que te has querido ser en tu vida, pues solo tú te encargas de crearte a ti mismo. Tu puedes decidir entre sembrar o construir en tu vida, los que siembran nunca acabaran pues sus cultivos no dejaran de crecer pero el que construye puede terminar pronto y dejara de hacer las cosas. Sembrar es ayudar, mejorar, amar; y construir es trabajar, etc.

Muchas personas podrán pensar e incluso tú mismo podrás pensar que lo que has hecho en la vida o lo que haces en la vida es insignificante, pero la verdad es que no se dan cuenta que no importa lo insignificante que sea lo que tu hagas, pues cualquier logro o cosa que hiciste en la vida es importante que lo hagas hecho sin importar el impacto de tu acción, por ello cualquier cosa que hagas en la vida no la menosprecies, daté cuente de que todo lo que haces es muy importante.

No importa cuánto hagamos en la vida, pues hasta lo poquito que hagamos será muy importante, pues no sabemos si lo que hacemos tendrá un impacto en los demás o en ti mismo. Lo importante no es la cantidad, sino la calidad, así que no te preocupes porque tú haces solo pequeñas acciones, preocúpate por acabarlas y por darte cuenta si las pequeñas acciones que haces ayudan a alguien más. Pues muchas acciones chiquitas hacen una acción enorme.

La vida es lo único que te pertenece por ello tienes que vivir felizmente cada momento de ella.

Recuerda que en la vida uno se debe de arriesgar pues si no se arriesga uno es muy probable que uno nunca logre los deseos que tienes en mente. La vida es tan bella, pero recuerda bien que esta vida solo es una vez, así que trata siempre de dejarle a alguien algo de ti cada día para que el día que te hayas ido al cielo aun haya algo tuyo en la tierra.

La vida es un tesoro sin igual así que vívela como nunca has vivido, vívela como te gustaría vivir un tesoro sin igual.

El amor es el motor más potente del alma, pues cuando uno da amor uno se siente con una gran energía y uno es feliz de verdad.

No por haber fracasado quiere decir que seas un fracasado, pues el fracaso es el inicio al éxito y el fracasado es la persona que nunca fracasó, pues es aquella que no se arriesga por miedo a fracasar en sus sueños y esa es la verdadera persona fracasada.

Intenta las cosas hasta lograrlas, y créeme el fracaso es solo un paso para el éxito, pero él no intentarlo te convierte en un fracasado.

Vive la vida en el momento y no hagas las cosas tan deprisa, mejor hazlas con paciencia, pues si las haces muy rápido luego te olvidaras de lo que hiciste y además nunca las abras disfrutado.

No importa cuántas cosas tengas o cuales tengas, sino lo importante es, ¿Qué haces con ellas?, así que haz siempre el bien con las cosas que tienes en tu vida y así serás la persona más rica del mundo, pues no importa la cantidad sino la calidad de nuestro actuar para poder determinar si somos ricos o no en la vida.

Existen varias maneras de vivir la vida, pero tú tienes la capacidad y la libertad de decidir la manera con la que la vas a vivir, así que decide siempre lo mejor para ti y para la gente a tus alrededores.

La gente que se atreve a hacer las cosas es la gente exitosa, pues es la gente que aunque sabe que tiene que fracasar alguna vez, en algún instante va a lograr el éxito de su vida.

Logra todos tus objetivos teniendo siempre esperanza en que un día llegara el éxito que tanto esperabas.

Si amas a alguien de verdad no te preocupes por si te ama, tu amalo, pero eso si no dejes nunca que alguien se aproveche de ti.

Tener esperanza es saber que las cosas que estamos pasando no son eternas, es tener la confianza de que pueden mejorar y ser distintas y tal vez hasta más satisfactorias de lo que antes estaban.

El dolor es necesario para que podamos crecer como personas humanas, pues las personas que nunca sienten dolores, ni tristezas son personas que no podrán aprender mucho sobre la vida.

La vida es una gran vela que nunca se apaga sino que con cada acto bueno que hacemos esta se enciende más pero cuando nos toca morir la tenemos que entregar a otra persona.

Nadie puede limitar tus capacidades físicas, ni mentales, pues el único capaz de hacerlo eres tú mismo así que no te limites en nada pues recuerda que no hay límites en la vida, recuerda que no tienes que decir que hasta aquí lo puedes lograr. No hay límites en la vida siempre y cuando lo que hagas no lastime ni hiera a nadie.

Cuida cada segundo y minuto de tu vida, pues no sabes si vas a tener el siguiente minuto para vivir, así que a disfrutar, a amar, a cuidar, a apoyar, a ayudar y a echarle ganas a la vida al máximo en cualquier situación.

LA HERMOSA
EXPERIENCIA DE AMAR

No importa si la gente no tiene nada en común contigo tu síguela amando, tu síguela queriendo. La verdad de las cosas duele al principio, pero recuerda que la mentira de la cosas duele todo el tiempo.

El amor es tan poderoso que es como una hierba que convierte a nuestro peor enemigo en amigo.

Ayuda a la gente a que sea quien quiera ser, pero si esa persona quiere ser hacer cosas malas oriéntala y ayúdala a que se vaya por un buen camino, pero eso si deja que ella decida quien quiere ser entonces.

No importa la edad que tengas, tú eres capaz de amar a cualquier persona si es que tú lo deseas.

Para salir de todas tus preocupaciones y poder disfrutar la vida al máximo necesitas olvidarte de ellas y vivir feliz.

Si eres capaz de soñar algo y pensar en ello, también eres capaz de lograrlo, pero para ello necesitaras mucho trabajo y mucha paciencia.

Recuerda que aunque seas ya un adulto tú sigues siendo un pequeño niño que está atrapado en el cuerpo de un adulto, y por tal necesitas mucho cariño, amor, fe, abrazos, etc., al igual que lo necesita un niño chiquito, pues tu eres lo mismo que eras cuando eras chiquito en esencia, así que vuelve a amar, vuelve a sentir, diviértete y vive la vida como la vivías de pequeño, pues aunque de pequeño no tenías que trabajar y ahora si de todas maneras siempre vas a necesitar un abrazo, o amor o cariño, así que amate, quiérete y cuídate pues la vida es tuya así que tú la tienes que disfrutar.

La vida es un gran desafío y por ello tenemos que estar dispuestos a pasar por cualquier obstáculo que nos ponga la vida.

La persona que realmente te ama es la persona que no necesita ver debajo de tu ropa para saber si te ama o no te ama sino es la persona que con solo hablar contigo sabe que vales por lo que eres y por quien eres y por ello siempre te apoyara en lo que necesites.

Cuando de verdad amas a alguien serle fiel todo el tiempo no es un sacrifico, sino es un placer.

Cuando amas a alguien de verdad apoyar, ayudar, aconsejar, motivar, entre otras a esa persona no es un hacer un favor, sino es obtener un favor.

Lo importante no es que triunfes en la vida, sino es que seas un triunfador en cada acción que hagas.

La vida se tiene que del modo que nosotros la queramos vivir, pues es nuestra entonces uno tiene el derecho a vivirla como quiera.

Ser generoso no es dar lo que nos sobra sino es dar lo que les falta a los demás y muchas veces también es dar lo que nos falta a nosotros mismos.

Solo tú eres capaz de darte la felicidad que tanto anhelas, pues la felicidad esta en ti mismo.

Todos deberíamos de tener alegría, pues todos tenemos la capacidad de ser felices. De solo tener la vida se feliz.

Todo lo que somos esta creado por nuestros propios pensamientos, pues nuestros pensamientos determinan las personas que somos realmente.

No tiene nada de malo que cometas errores pero no permitas que estos errores hagan que ya no seas quien en realidad eres.

Aprende de tus errores y empieza de nuevo tratando de no equivocarte en lo mismo.

Dar amor a los demás sin importar si son perfectos o no, también significa darse amor a uno mismo sin importar si uno es perfecto o no.

Amar a los demás con los ojos abiertos es saber amarse con los ojos cerrados.

Ayudar a alguien a que tenga esperanza es darse esperanza a uno mismo.

Ayudar a alguien a amar es tanto amar a esa persona como amarse a uno mismo de todo corazón.

Ayudar a alguien a ser feliz es aprender a que uno también puede ser feliz sin importar lo que nos suceda.

Ayudar a alguien a ver todo positivo nos da una vida positiva, y nos hace la vida feliz.

Ayudar a alguien a que logre un sueño es igual a que uno logro un sueño.

Ayudar a alguien a que tenga éxito es igual a lograr el verdadero éxito de la vida.

Vivir la vida como si fuera un regalo es vivirla de verdad y con honestidad.

No importa dónde están las personas, pues mientras tú las ames ellas siempre estarán en tu corazón.

La vida es un sueño que lo podemos hacer real si nos proponemos a lograrlo.

El mayor obstáculo de la vida es dejar de tener obstáculos en ella.

Aunque la gente se vaya ella siempre estará en tu corazón.

La vida es lo único que realmente tenemos por ello debemos cuidarla y aprovecharla cada momento y cada segundo.

Ser paciente con uno mismo es ser paciente con los demás.

Amarse es amar a todo el mundo de todo corazón.

Si realmente te amas, realmente debes de amar al mundo con el corazón.

Si la vida es difícil, entonces cualquier sueño difícil será fácil de lograr.

La vida es una aventura sin igual, pues cualquiera que se atreva a vivir debe ser la persona más valiente del mundo. Vive sin importar en que situación vives, y así te volverás la persona más valiente y fuerte del mundo.

Vivir feliz es ser capaz de amar a las demás personas sin importar nada.

Ayudar a la gente de verdadero corazón es tener el corazón más noble, amoroso, confiable y grande que pueda haber.

El amor a la gente es el secreto de la verdadera felicidad, pues amar a alguien nos da alegría y felicidad.

Una sonrisa es un regalo que no tiene precio alguno.

Una sonrisa es como un rayo de luz, una sonrisa da alegría, una sonrisa es la clave de la felicidad, dar una sonrisa es como dar alimento al alma.

Siempre sé alegre ante la desgracia y la tristeza y veras que te ira bien.

La esencia de cada persona es nuestro real perfume.

Si crees que no te atreves a hacer algo jamás lo harás, pues todo se crea desde la mente y los pensamientos que tenemos.

Piensa que todo lo puedes en la vida y te prometo que lo podrás hacer.

El amor da esperanza, el amor hace que uno pueda seguir luchando en la vida por sus sueños. El amor es un regalo que se lo podemos dar a cualquier persona que queramos, pues el amor parece que no cuesta trabajo, pero la verdad es que es lo que más trabajo cuesta.

Da amor, bondad y ayuda sin importar nada y sin esperar recibir, pues la bondad siembra semillas por todos lado y hace que la cosecha sea de pura dicha para siempre. Si quieres llenarte de dicha haz las cosas con bondad.

Apruébate tal y como eres y veras que libertad sentirás en ti mismo/a.

Si algún día no ayudaste a alguien estas perdido, pues ese día no habrá servido mucho para que hayas sido feliz y para que hayas aprendido sobre la vida y sus problemas.

Nunca hay necesidad de juzgar a alguien, pues juzgar es como mentir pues muy pronto se enteraran de todo.

Nunca le digas a alguien algo que lo va a preocupar sin que le digas una solución o lo ayudes a solucionarlo, pues eso va a hacer que te preocupes también tú.

Recuerda que el amor no tiene medida, pues la verdadera medida del amor es amar sin medida.

El hombre que es feliz sabe dominar, dirigir y esquivar cualquier situación en su vida.

Si te sientes culpable de algo que hiciste perdónate y veras que es mejor perdonarse tarde que nunca perdonarse.

No te esperes a que la gente que amas se muera para poderle decir que la amas, o que te interesa o que la necesitas; mejor hazlo en vida, haz todo lo que quieras hacer en vida, da todo tu cariño en vida, demuestra tu amor y tu cariño ahorita, pues no sabes si volverás a tener otra oportunidad para demostrarlo, así que hazlo ahorita.

Recuerden que no importa la cantidad de cosas que demos, sino importa con que sentimiento demos las cosas a los demás, pues recuerden que da más la persona que lo hace alegre y con todo el corazón.

Que no te preocupe cuantas cosas das sino preocúpate si las das de verdadero corazón y con alegría.

Si logras impedir que alguna persona se deprima, se suicide, o se sienta mal; entonces tú no has vivido en vano y tu vida tiene un gran significado.

Si eres libre mentalmente, entonces tu eres una persona verdaderamente libre en todos los aspectos de la vida, sin importar si estas en una celda.

Los sueños siempre serán posibles siempre y cuando las personas no los abandonen. La persona que abandona un sueño es la persona que abandona a su propio corazón.

Si quieres estar feliz con cualquier persona no les pidas algo que ellos no te pueden dar, porque es algo que ni siquiera lo tienen; mejor dáselo a ellos aquello que les querías pedir.

El hombre más feliz del mundo es aquel que cree que es feliz, es aquel que sabe con franqueza que es feliz.

Una caída no es otra cosa que una preparación para poder escalar al gran éxito.

Sería muy poco feliz si tuviera la capacidad de decir hasta donde soy feliz.

Si le das animo a alguien veras que te sentirás con ánimo.

NO IMPORTA CUÁNTAS VECES CAIGAS, SINO CUÁNTAS VECES TE LEVANTES

Tú debes de levantarte en cada caída, pues si te quedas en el suelo nunca podrás continuar realmente viviendo; y recuerda que solo tienes una vida y que solo puedes vivir una vez esta vida, así que aprovéchala cada segundo de tu vida.

No debes de seguir con las cosas que te dejan tirada en el suelo, aquellas cosas que no te dejan levantarte del suelo y no dejan que logres tus sueños más deseados, aquellas cosas que no te permiten que actúes como lo que tú eres. Recuerda que tú eres libre, pero si tú permites que las cosas o las personas te quiten tu libertad, entonces no serás libre; recuerda que la única persona que te puede quitar la libertad eres tú, así que no permitas quitarte tu propia libertad.

No deje sus sueños, ni se olvide de ellos para siempre por que una persona se burló de su sueño; porque piensa que es imposible de lograr. Créeme que tú lo puedes lograr aunque muchas personas lo duden, y recuerda que la persona que se burla al último de las cosas es la que las disfruta más.

Cuando crecemos y somos adultos nos llenamos de estrés porque ya tenemos responsabilidades, como el trabajo; y nos olvidamos de que hay gente que tiene peores problemas, que hay gente sufriendo, y uno empieza a pensar que uno es la persona que más sufre de todas; entonces nos olvidamos que el amor, la caridad, el apoyo y la generosidad hacia los demás es lo más importante de la vida, y además dejamos de tener esperanza pues estamos tan metidos en el estrés que hasta empezamos a creer que Dios no existe y entonces nos frustramos tanto que ya no abrimos nuestro corazón más que para nosotros mismos; entonces dejamos de vivir y dejamos de ser quien realmente somos; por ello sé que el estrés te puede matar espiritualmente y mentalmente, pero aunque estés metido en el estrés trata de abrir bien tus ojos y ve que a tus lados hay gente en peores situaciones que tú, luego trata de ser positivo y sigue creyendo en

Dios, entonces ponte a ayudar a las personas que están en peores situaciones que tú, entonces volverás a amar a las demás personas; entonces eso quiere decir que seguirás siendo tú y seguirás viviendo realmente.

Cada quien construye su propio destino con cada acción que decide hacer cada día y así construye su propia vida.

Si dejas que alguien te use, quiere decir que ni te amas a ti mismo/a, ni a la otra persona, entonces esto no es un acto de amor sino es un acto de anti amor, y además un acto de anti autoestima.

Usted tiene la capacidad de decidir si su vida es la mejor vida que pueda tener o si es la peor que pueda tener, pues cada quien es el escritor y el inventor de su propia vida con cada que hace de la misma.

Ayudar a los demás de todo corazón es ayudarse a uno mismo de todo corazón.

No hay mejor cura en el mundo que el amor, el amor es la mejor medicina pues es capaz de curar cualquier cosa. Las personas que no tienen amor son las que más se enferman.

El corazón es el mejor ojo que tenemos, pues uno puede ver más claramente las cosas con el corazón que con los ojos y además las cosas más bellas solo se ven con el corazón y no con los ojos.

Haz cada una de tus acciones y di cada una de tus palabras como si fuera la última acción y la última palabra de tu vida.

Los sueños que tenemos en nuestro corazón son las verdaderas realidades de lo que somos.

VIVE LA VIDA AL MÁXIMO

Recuerda que la vida la tienes que vivir para adelanta, pues si sigues viviendo en el pasado no podrás desprenderte de tu pasado, ni podrás vivir el presente con alegría.

Es más fácil aprender a hablar que aprender a callar cuando queremos decir algo y no lo debemos decir por qué podemos dañar a alguien; entonces por ello nos callamos, pero hacer esto es muy difícil pues no decir lo que queremos decir, entonces nos quedamos callados.

El fracaso es el secreto para que podamos volver a hacer las cosas con más inteligencia que antes de haber fracasado, pues el fracaso es el secreto para llegar al gran éxito que tanto deseamos.

Para amar a alguien uno no necesita tener experiencia en ello para hacerlo, pues recuerda que amar es nuestra naturaleza.

El amor no se puede curar con nada, pero este no es una enfermedad, sino es una gran cura para cualquier mal que tengamos.

El que trata de olvidar a alguien lo único que conseguirá será recordarlo.

Lo que se hace con amor, se hace más allá del bien y del mal; así que lo que se hace con amor se hace lo mejor que se puede hacer.

El tiempo no vuelve, así que ponte a amar y atrévete a hacer lo que deseas.

Como dice el dicho uno solo puede dar lo que tiene adentro; por ello lo que tu das es lo que tú eres y lo que tú piensas.

El que perdona a quien lo ha molestado es perdonado, quiere decir que a esa persona se le han perdonado sus pecados. Perdonar es perdonarse, es liberarse; es darse libertad a sí mismo.

Si quieres que tu vida sea diferente, si quieres que sea mejor; entonces perdona a la gente y perdónate a ti mismo y veras que tu vida cambiara.

Si quieres cambiar al mundo empieza perdonando a la gente, aceptando a la gente, y amando a la gente a pesar de todo.

Si haces una pequeña acción de generosidad de todo corazón ya abras cambiado al mundo, pues vale más si se hace de corazón la acción a que si son varias acciones a la vez.

Si cambias tu propio corazón serás capaz de cambiar cualquier corazón del mundo, pues el más difícil de cambiar es el tuyo.

La vida es tuya así que amala, gózala, vívela y explórala hasta que encuentres tu misión en la vida o tu gran sueño de vida, así que vívela.

Recuerda que uno vino al mundo por una misión personal.

Tener a dios en tu vida es estar perdonado de los pecados que has cometido, pues Dios perdona todos los pecados siempre y cuando uno este arrepentido de ellos.

Perdónate a ti mismo de tus errores, pues Dios ya te perdono, perdona a las personas que te lastimaron pues Dios ya los perdono completamente.

Perdonar te abre el corazón y hace que tengas más capacidad de amar y más capacidad de vivir felizmente a pesar de todo.

Abre tu corazón a la gente y veras que ellos te abrirán el suyo para ti.

Llena de gozo y de bondad a la gente y así tú te llenaras de bondad y gozo.

Cuando sientas que nada tiene sentido en tu vida, empieza a darle sentido a la vida de los demás y así veras que tu vida tiene sentido.

Ayudar a los demás de todo corazón nos recuerda lo que somos amor.

Perdonar a alguien no es hacerle un favor a esa persona sino es hacerse un favor a uno mismo. Perdonar a los demás es hacerle algo bueno a alguien pero sobre todo es hacerse un bien a uno mismo.

Enfrenta tus problemas y veras que de ahí saldrán nuevas oportunidades para triunfar, para luchar, para conseguir sus más grandes y deseados sueños en la vida. El que enfrenta sus miedos es libre en la vida.

Alguien valiente es capaz de amar, es capaz de arriesgarse, es capaz de

Soñar, es capaz de crear, es capaz de lograr sus propios sueños en la vida, es capaz de actuar como quien es; pero alguien cobarde no puede amar, no puede arriesgarse, ni puede soñar, ni puede crear, ni puede lograr sus sueños, ni puede actuar como la persona que es y por supuesto no puede ser feliz en la vida, pues es tiene miedo hasta de ser feliz.

Tener miedo hace que muchas veces uno actué de forma agresiva, pero no es porque seamos agresivos si no es porque tenemos miedo de la gente, tenemos miedo a que nos rechazan, tenemos miedo de nunca poder salir adelante; así que si alguien actúa violentamente o feamente contigo o con cualquier persona estoy segura que no es porque tu tengas la culpa o la otra persona de que actué así, ni es porque esta persona sea una mala persona sino es porque tiene miedo y no se aprecia a si mismo pues cree que todo le sale mal.

Todos tenemos una historia, por ello si alguien te trata mal o si esa persona actúa mal es porque ya lo han tratado mal o por que ha vivido situaciones difíciles.

No permitas que alguien te diga que no puedes lograr un sueño, tú tienes que protegerlo pues las personas que te dicen que no puedes lograrlo son aquellas que creen que ellas mismas no pueden lograrlo, sin siquiera haberlo intentado, así que si deseas algo, lo que sea, no importa lo que sea tú debes ir por él, tú tienes que luchar por este sueño.

Tú eres lo que haces en la vida. Tus acciones determinan la persona que eres.

Amate, cuídate, perdónate y podrás hacer esto con todas las demás personas pues como dice el dicho:" todo se empieza en casa", y la casa eres tú mismo así que hasta que no empieces contigo mismo, no podrás hacerlo con nadie más, hasta que no te ames, tu no podrás amar a nadie más y nadie te podrá amar.

Vale la pena luchar, actuar, etc.; por algo que vale la pena conseguir o tener, así que si crees que algo vale la pena en tu vida lucha por ello y lo conseguirás, pero si dedícate y trabaja por ello para conseguirlo.

La verdadera felicidad humana no la logramos teniendo suerte o logrando nuestros grandes sueños, sino la logramos con las pequeñas cosas que nos ocurren todos los días en nuestra vida.

Entre más caídas tengas más cerca estarás de lograr el éxito, de lograr tus sueños. Por lo menos una caída es necesaria para poder logar nuestros más grandes sueños que tengamos.

Cuando le encuentras sentido a los deberes que tienes es cuando le encuentras sentido a cualquier cosa absurda que esté presente en tu vida, es cuando te das cuenta de que la vida está llena de cosas con sentido, cosas que son valiosas y entonces es cuando le encuentras sentido a tu vida.

El que es capaz de ser feliz en una mala situación es capaz de ser feliz en cualquier situación, y cuando vuelve a estar en una mala situación actúa

Como si estuviera en una buena situación.

Muchas personas tienen un gran sueño y con el tiempo y la perseverancia consiguen ese sueño, pero como ya lo consiguieron ya no tiene sueños, y entonces para ellos la vida ya no tiene sentido, con lo que quiero decir que; Si ya conseguiste ese sueño, busca tener otro sueño, y cuando lo tengas busca otro sueño, no te detengas pues créeme la vida tiene mucho sentido solo hay que encontrar ese sentido que tiene la vida, pues cuando creas que ya no tiene sentido pregúntate:"¿Qué más quiero hacer en mi vida?,"¿Qué más puedo hacer"?, y así encontraras un sueño o un anhelo, pero recuerda que lo más probable es que no a la primera lo encuentras, tal vez tendrás que preguntarte muchas veces esta pregunta hasta que la puedas responder, así que recuerda esto, todo es con paciencia, pues todo es a su tiempo y todo necesita un tiempo.

A lo largo de nuestra vida tenemos muchos intereses, pero debemos recordar que siempre tendremos intereses más importantes, y empezar por estos, pues muchas personas estamos llenas de intereses y como tenemos tantos a la vez no podemos hacer ninguno bien, así que empieza con lo más importante, pues hay que poner primero lo primero y si haces esto tu vida estará mejor y será más ordenada, por ello recuerda siempre poner primero lo primero.

Para mejorar nuestra forma de ser se necesita más que solo decir que no va a mejorar, sino se necesita de un compromiso y de una práctica diaria para poder cambiar o mejorar aquello que tanto deseamos cambiar.

El poder de cambiar las cosas lo tienes tú

Cuando estés en una ocasión o momento difícil pregunte esto: ¿Qué quiere la vida de mí respecto a esta situación en la que estoy viviendo?

Los planes que tenemos no tienen mucha importancia, ni valen mucho en cambio las acciones que hacemos respecto a nuestros planes tienen mucho valor pues estas acciones cambian nuestra vida.

La voluntad y la imaginación son más fuertes que la propia memoria pues todo lo que queremos e imaginamos nunca se nos olvida y no necesitamos de la memoria para recordar lo que es importante para nosotros, pero si necesitamos querer hacerlo para poder hacerlo.

Imaginar algo es crear algo, pero querer algo es hacerlo algo y crear algo.

No es fácil encontrar nuestra misión en la vida, pues muchas veces creemos que hemos encontrado algo que nos gusta y creemos que estamos hechos para ello, pero la verdad es que muchas veces lo que menos creemos que nos gustaría hacer, o lo que menos nos imaginamos que podía ser nuestro sueño o nuestra misión en la vida, es lo que realmente es nuestra misión en la vida.

Nunca dejes un sueño, pero tampoco dejes de seguir las señales que debes de seguir para lograr ese sueño.

Cuando aprecies las pequeñas cosas de la vida será cuando podrás tener las grandes cosas de la vida. Cuando aprecies las pequeñas acciones de bondad de alguien será cuando te llegaran las grandes acciones de bondad. Cuando aprecies las pequeñas acciones buenas que haces será cuando podrás hacer las grandes acciones. Cuando aprecies los pequeños halagos será cuando recibirás los grandes halagos.

A veces el dolor es bueno, pues este nos une como hermanos.

Cualquier cosa que hagamos necesita de un tiempo para poder realizarlo, así que recuerda dedicarte un tiempo a eso que quieras hacer.

Si eres capaz de controlarte a ti mismo ya has hecho más que la persona que conquisto una ciudad completa, pues la conquista más difícil es la de uno mismo.

Recuerda que el que es nuestro compañero no siempre es nuestro amigo, pero el que es nuestro amigo siempre será nuestro compañero.

No te sientas triste de que algo en tu vida ya se haya acabado, sino ponte feliz porque esto sucedió en tu vida.

Permanecemos mucho tiempo en nuestro trabajo y en nuestras propias preocupaciones que no nos damos cuenta de que los demás son seres preciosos, con muchas capacidades y que hemos venido a la tierra a vivir con ellos, a compartir con los demás y estas personas son parte de nuestra vida.

Entendiendo a los demás y comprendiendo sus puntos de vista es cómo podemos empezar a apreciarnos y a sentirnos valiosos tal y como somos.

No permitas que las experiencias negativas te destrocen, mejor haz que ellos te construyan, mejor aprende de ellos y mejor tu vida con ellos.

A veces no necesitamos palabras para decir lo que sentimos o lo que pensamos, recuerda que los actos son más valiosos.

Muchas veces nos enfocamos en metas y en sueños, y perdemos de vista nuestra relación con la gente y lo que ellos también tienen como meta y quieren hacer en la vida, y cuando pasa esto en vez de lograr grandes cosas solo logramos grandes desastres, pues nos olvidamos que también necesitamos estar con las personas que amamos y que también necesitamos de otras personas para lograr nuestros sueños más preciados, pues recuerda que todo en extremo es malo, por ello debemos de tener un

Equilibro en todo lo que hagamos en nuestra vida.

A veces nos suceden cosas muy malas o muy duras que nos impiden hacer cosas que antes si podíamos hacer, y entonces nos ponemos a pensar en todo lo que ya no podemos hacer en vez de pensar en lo que aún podemos hacer y en lo que ahora podemos hacer con este suceso en nuestra vida.

Una de las mejores curas para nuestra alma y para nuestro corazón es ser entendido y ser amado incondicionalmente.

La mejor manera de dejar que la gente te diga sus sentimientos y sus emociones es no diciéndoles nada y dejando que estas personas tengan la seguridad en sí mismos para decirlo.

La persona que eres dice más o enseña más que lo que tú mismo dices, pues uno aprende más de una persona que de una acción o de lo que dice.

Las personas más fuertes son las que no tiene miedo de mostrar sus sentimientos, son las que dejan que los demás los vean llorar, son las que dejan que las demás personas los vean toser o enfermar, son las capaces de demostrar que son tiernos o tienen ternura a cualquier persona. Si quieres salir del hoyo de la desesperación, de la tristeza, del miedo, de la ruina, llena ese hoyo de amor y así podrás salir de ese hoyo.

Empieza por da amor a alguien y darte amor a ti mismo, y así ya abras hecho mucho en tu vida. Muchas personas tienen grandes logros en su vida, pero nunca logran amarse a sí mismos, ni amar a alguien de verdad.

Esperar a alguien y tratar de controlar su vida, y de tomar sus propias decisiones, no es amar, no es respetar, sino es tener miedo, es tener envidia, es no tenerse amor, es ser egoísta, etc.

Nadie puede hacerte feliz, pues nadie conoce tus sueños, tus deseos, tus expectativas, como tú, pues la única persona que conoce bien tus sueños y que los puede hacer realidad eres tú mismo.

"El dolor es el principal alimento del amor, y todo amor que no se alimenta con un poco de dolor, muere". Maurice Maeterlinck

Todo tenemos el derecho de ser felices en la vida, pero muchos no lo son porque creen que deben sufrir para poder merecer el cielo a la hora de morir, pero la verdad es que quien vive en un sufrimiento y en un infierno es quien muere en un sufrimiento y en un infierno.

Ama a alguien y tu vida será ahora toda una aventura, pues el amor es una aventura, el amor es belleza y frescura.

La vida no se valora por la cantidad de placer que hay en ella, sino por la

Cantidad de amor que hemos dado en ella.

Darle a alguien una sonrisa es darle a alguien una esperanza de vida, es darle amor a alguien, es darle apoyo, etc.

Las circunstancias pueden ser buenas o malas, fáciles o difíciles dependiendo de lo que tu corazón decida, pues nadie puede opinar de la misma manera que uno mismo sobre la misma situación.

La vida es como un problema, pues no importa como la resuelvas, lo importante es que encuentres el resultado, lo importante es que aprendas de ella, lo importante es que no te des por vencido hasta encontrar la respuesta.

Si reconoces todo lo que ya tienes en tu vida, un buen día te llegaran más cosas a tu vida.

"Una vida vivida para el mañana nunca llega, una vida vivida para el ayer nunca cambia, pero una vida vivida para hoy está llena de asombro, misterio y la elección de vivir felices para siempre momento a momento". Kiddard Jackson.

No midas, ni compares la misión de alguien con la tuya, pues nadie tiene esa misión que tú tienes.

Nuestras habilidades no son las que dicen las personas que somos sino son nuestras elecciones las que determinan quienes somos pues estas las que forman nuestro propio destino en la vida.

Ocúpate en tener una vida de ensueño, una vida dulce y bella, una vida prospera. No te ocupes en buscar al hombre o a la mujer de tus sueños, mejor conviértete en ese hombre o en esa mujer, mejor se tu propio héroe, se tu alegría, tu felicidad, tu compañía, es el hombre o la mujer de tus sueños, en general se tú mismo y no como los demás y veras que así te convertirás en el hombre o en la mujer de tus sueños.

No esperes que las cosas ocurran mejor hazlas realidad, búscalas, pues esperar es como perder la oportunidad de lograr ese sueño que tanto deseas.

Recuerda que nada es imposible, recuerda que los sueños que has tenido en el pasado son las esperanzas del día de hoy y son la realidad del mañana siempre y cuando hayas empeñado trabajo para lograrlas.

No pierdas las pequeñas alegrías diarias que trae consigo la vida por estar esperando la gran felicidad que tanto esperas, sino dale el mismo valor a esas pequeñas alegrías que a esa gran alegría y veras que cuando le encuentres valor a cualquier alegría pronto llegara esa alegría la cual anhelas con todo tu corazón.

El tiempo es lo más valioso que podemos dar, pues es algo que no podemos

Recuperar, por tal valora a las personas que han dedicado su tiempo por ti.

El que es bueno solo consigo mismo, es bueno con nada.

Si haces el bien para que te premien no eres caritativo, sino eres codicioso.

Nos preocupamos tanto de lo que opinan los demás de nosotros que no nos preocupamos de lo que opinamos nosotros mismos, siendo nosotros los creadores de lo que somos en la vida.

La persona más sabia no es la que sabe todo, sino es la que sabe que no sabe todo.

"La humildad no implica que pensemos menos de nosotros mismos, sino que pensamos menos en nosotros mismos". Ken Blanchard

No te guardes ninguna palabra, ninguna acción, ni ninguna cosa que quieras hacer ahora pues créeme que si deseas hacerlo ahora quiere decir que ahora es el mejor momento para hacerlo o decirlo.

Ten fe y haz todo lo que puedas y quieras hacer ahora pues créeme que si haces todo lo que puedas hacer no te vas a quedar sin nada que hacer o decir si no te van a llegar nuevas metas, retos y acciones que desearas hacer y tu vida será mucho más trascendente que antes.

Prepárate al máximo para cualquier meta que tengas en mente y a la hora de hacerla déjate llevar, no te preocupes, sino confía en todo lo que te has preparado y hazla con el corazón, pues recuerda que la única diferencia entre la persona que logra sus metas y la que no es que la que la logra se prepara al máximo, lo hace al máximo, además esta tiene confianza en sí misma y es tenaz, pues es una persona que nunca permite que le digan un no a lo que quiere lograr, pues lucha hasta que lo consigue.

Recuerda que tú puedes ayudar a otras personas a que hagan cualquier cosa que necesiten, quieran o desean hacer, solo tienes que creer que si puedes ayudarlos.

Si crees que tuviste un mal pasado, déjalo ir y piensa que el pasado que tuviste fue tan solo un regalo hermoso, que es el aprendizaje, pues recuerda que si sigues en contra de tu pasado vas a echar a perder tu presente, y si sigues todavía más vas a poder echar a perder tu futuro y hasta podrías llegar a echar a perder toda tu vida.

Todo a aquello que no te gusta de las demás personas que están a tu alrededor puede ser que sean herramientas para que te conozcas mejor como persona y así sepas cuáles son tus metas y tus retos en la vida.

Recuerda que todo se hace paso a paso, así que para conseguir todo lo que deseas necesitas primero dar el primero paso, y así aparecerá el siguiente paso a seguir, y así aparecerá el tercero y así sucesivamente hasta que ya hayas logrado todo el camino y lo hayas logrado.

Recuerda que todo en la vida pasa, y tiene su fin y a veces mucha gente que está en un momento bueno no quiere que este se acabe pero la verdad es que todo tiene que pasar pues si siempre anduviéramos en una situación buena nunca podríamos estar en una todavía mejor, pues recuerda que necesitamos caer para poder subir todavía más, por ello no te preocupes si esa situación se está acabando, mejor déjala ir y no te apegos a nada. Un ejemplo de admiración, voluntad y fortaleza es el de mi tía Mariana. Mi tía mariana siempre había sido muy feliz, ella tiene 2 hijos. Ella se casó cuando tenía unos 20 años y era feliz con su esposo hasta que un día se dio cuenta de que casi a diario peleaba con él y decidió divorciarse, no fue una decisión fácil para ella pero tal vez fue una de las mejores decisiones pues mi tía al principio estaba triste pero con todo y todo siempre mostraba una buena cara y después con voluntad de salir adelante con 2 hijos en la prepa se buscó dos trabajos para poder mantener a su familia y además de eso decidió estudiar su carrera, pues ella no la había estudiado por que se casó muy joven. Se imaginan que cansado ha de ser tener 2 trabajos y a la vez ir a la universidad, bueno pues ella lo hizo y a pesar de estar agotada nunca se dio por vencida, nunca perdió la esperanza, ni la alegría de vivir la vida, pues ella es un verdadero ejemplo a seguir.

Esta historia nos enseña como a veces hay que tomar decisiones que cambian nuestra vida y que al principio duelen pero luego uno se da cuenta que fueron las mejores decisiones que uno haya podido hacer, y también nos enseña que si uno quiere hacer las cosas las puede hacer.

Muchos padres creen que cuando tienen a sus hijos pequeños que es más importante que sus hijos tengan muchas cosas y estén en una buena economía y que los padres tengan una buena carrera laboral, por ello los papás se dedican casi solo a trabajar, pero ellos no se dan cuenta de que sus hijos son solamente una vez niños y que ellos pueden tener una buena carrera laboral muchas veces, y además de todo es más importante que estén con ellos pues a los chiquitos les da más alegría estar acompañados que tener muchas cosas, por ello si son papás dediquen un tiempo a sus hijos pues ellos solo tendrán una niñez.

No importa si tienes mucho o poco, lo importante es que tengas lo que tengas puedas creer que tienes todo lo necesario y tal vez hasta de más, y además que con ello que tengas puedas sentirte dichoso y feliz.

Cada día está lleno de sorpresas sean buenas o malas, solo hay que tener los ojos bien abiertos y así uno podrá ver estas sorpresas.

Si estás cansado/a de lo que te sucede en tu vida o de tu propio trabajo despéjate un rato, mira a tu alrededor y date cuenta de que la vida es un milagro, de que tú eres un milagro, de que la gente es un milagro y de que tu propio trabajo es un milagro. Los milagros existen y están a nuestro alrededor solo hay que estar intentos y así uno podrá ver los milagros de la vida.

Siempre que estés en momentos difíciles o que estés sin esperanzas di esto: "Lo mejor está por venir", y créeme que tu vida va a mejorar con el paso del tiempo, claro que con esto no quiero decir que diciéndote esto ya no tendrás retos, ni tiempos difíciles en la vida pero si quiero decir que tendrás más esperanzas y podrás de los momentos difíciles salir adelante más rápido que antes.

Dedícate a cumplir tus sueños, dedícate a hacer cosas buenas y que te gusten hacer pues cualquier cosa que hagas en tu vida, sea lo que sea, sea pequeña o grande la acción tiene una gran importancia y

Tiene un valor pues todo lo que hagas en tu vida es importante, recuerda que con que una acción sea valiosa para una persona esta acción ya tiene mucho valor y es importante, recuerda que con que una acción ayude a una persona esta acción ya ayudo a todo un mundo pues recuerda que cada persona es un mundo.

Créeme que tu destino es completamente único, nadie ha tenido, ni tendrá el destino que tienes y eso te hace súper especial y súper importante, pues créeme que nadie hace lo que tú has hecho, haces, y harás pues todos tenemos un lugar especial en el mundo y entre la gente que hay. De verdad no compares tu destino con el de nadie pues recuerda que tu destino es el mejor destino que pudieras tener.

La persona que realmente sabe amar es la persona que sabe comprender, pues quien no comprende a la otra persona no la puede amar, por ello amar también es saber comprender.

No es lo mismo querer amar que amar, pues hay gente que desea amar pero no puede amar y por ello no lo hace por más que se esfuerce de todo corazón no ama.

Algo que te servirá para cada día de tu vida es esto, cada vez que quieras mejorar tu persona o que quieras dejar de hacer algo definitivamente di esto:" Solo por hoy haré esto, o solo por hoy no hare esto o no sentiré esto", y dilo cada día hasta que se te forme un gran habito en tu vida, por ello di:" Solo por hoy seré feliz y no me enojare de lo que me sucede", "Solo por hoy seré positivo y veré la vida con otra perspectiva, solo por hoy".

Mucha gente no se ama, no se valora y cree que es poca cosa, pues entonces creo que si no te amas no puedes amar a la persona que puedes llegar a ser, recuerda que uno puede llegar a ser cualquier cosa que uno quiera ser.

Si tienes amor propio no podrás apagar el amor que sientes por ninguna otra persona, pero si no te amas ni siquiera podrás amar a una sola persona hasta que te llegues a amar a ti, pues todo empiezo en casa y si no ha empezado en casa no puede empezar.

Nunca dejes de sonreír, pues no sabes si con tu sonrisa le transformes el día a alguien. Por ello sonríe aunque estés triste pues cuando te sientes triste y sonríes te sientes mejor y menos triste.

Si un día crees que estás haciendo mal porque amas a una persona, créeme que amar nunca está mal pues aunque esa persona no te quiera con el simple hecho de amar a alguien ya ganaste mucho.

El mayor premio que trae consigo la vida es la alegría, pues la persona que se ama a sí mismo y a los demás es feliz y ya tiene todo.

Aparte del amor la alegría es otra cosa que se puede dar gratis a cualquier persona, no importa si es rica o pobre, buena o mala sino estas dos cosas son gratis y son las mejores cosas que puede obtener una persona, pero aunque sean gratis son las que valen más del mundo, pues no cualquier persona te da amor, ni alegría.

La gente que no cree en sus sueños y deja de soñarlos es la gente que no vera que se pueden lograr, ni tampoco verán lo que hay más allá de sus propios sueños.

Si tú te pones a entender a alguien antes de querer que te entiendan entonces créeme que estas ganando más que la persona a la que estas entendiendo, pues al entender a alguien uno aprende cosas, uno aprende a entenderse a uno mismo y uno se vuelve más sabio, por ello trata de entender a los demás antes de pedirles que te entiendan.

Si uno se enfoca en sus propios pensamientos uno no puede escuchar los de los demás y por ello no somos escuchados, pues primero debemos entender a los demás porque si uno entiende a la otra persona uno hace que esta persona se sienta segura de sí misma y ahora si quiera entender lo que tú dices, pero si tu luego le dices entiéndeme y uno nunca ha entendido a la otra persona, esta persona nunca te entenderá.

Tal vez el amor es el trabajo más difícil de la vida, pero es el que vale más la pena, pues recuerda que ya había dicho que todo lo que vale la pena debe de costar mucho trabajo.

Es muy fácil ser amable con quienes amamos, pero cuesta mucho trabajo ser amable con quienes no amamos y tal vez hasta a quienes odiamos, pero vale más ser amables con quienes odiamos que con quienes amamos, pues recuerda que lo que vale la pena tiene que costar mucho trabajo y lo que no vale la pena es muy fácil de hacer.

Un amigo es como una vela, la cual debes de mantenerla encendida mediante acciones y palabras, pero también es una vela por que mientras sigue la amistad esta te ayudara a ver el mejor camino para ti y te guiara en tu vida.

"No me da miedo mañana, porque he visto ayer y me encanta hoy". William Allen White.

Mucha gente se dedica a buscar un amigo, pero ellos no se dan cuenta que la mejor manera de conseguir un amigo es siendo un amigo, pues en vez de buscar a un amigo actúa como un amigo y así conseguirás un amigo. En vez de esperar a que una persona te invite a salir como amigos, mejor tu invita a salir a una persona, en vez de esperar a que alguien te felicite en tu cumpleaños mejor tu felicita a alguien cuando te enteres que es su cumpleaños, pues recuerda mejor actúa tú en vez de esperar a que otros actúen.

La persona que de verdad te ama es la persona que creerá en ti aunque tú no crees en ti, es la persona que te levantara aunque tú te tires, es la persona que te abrazara aunque tú te golpes, es la persona que estará orgullosa de ti aunque tú te hayas decepcionado de ti mismo/a, es la persona que siempre está para ti aunque tú nunca estés para ti, es la persona que te ayuda, aunque tú no te ayudes, es la persona que se queda contigo cuando todas las demás te han abandonado, es la persona que entiende y te escucha.

Muchas personas solo se dedican a trabajar y con el paso del tiempo se dan cuenta de que muchas de sus relaciones ya no están funcionando y no se dan cuenta de que llevan años sin hablar con esas personas y por ello estas relaciones se están deshaciendo, pues un buen alimento para las relaciones es la comunicación, es el dialogo, es hablar con la otra persona, pues recuerda que cuando uno no alimenta algo esto se va muriendo hasta que un día ya ni siquiera hay rastro de que existió y la amistad se debe alimentar con puro dialogo, por ello si ves que tus amistades o tus relaciones en general se están acabando ponte a platicar con esa persona y trata de entenderla y con el tiempo esa relación volverá a florecer.

Debemos tener confianza hacia nuestros amigos, pues una amistad sin confianza es como un pastel sin sabor, o como una flor sin color, o como una estrella sin brillo, por ello tenle confianza a tus amigos y diles todos tus secretos y tus sentimientos y veras que tu amistad será como un pastel muy sabroso, o como una flor con un color hermoso, o como una estrella muy brillante.

La persona que más sufre es la que solo piensa en sí misma, pues cuando uno solo piensa en uno mismo uno se destruye, pues el que piensa solo en sí mismo también es aquel que no se ama lo suficiente como para valorarse tal y como es y así no tener que pensar en sí mismo y tampoco se ama lo suficiente como para actuar, ser valiente, luchar y conseguir sus propios sueños, pues en vez de hacer todo esto solo se lamenta y piensa en sí mismo y en lo mal que le ha ido en la vida y en lo mal que ha hecho en la vida, pues esta persona que se cree víctima se convertirá en víctima, pues recuerda que tú te conviertes en lo que crees que eres, y cuando te conviertes en víctima no eres capaz de valorarte, ni de lograr tus sueños, ni de amar a los demás y entonces lo único que consigues es sentirte solo, sin valor y sin nada de especial.

Vivir realmente es amar, es vivir en el momento, es sentir que cada día es un nuevo comienzo, es pensar en el presente y no en el futuro, ni el pasado, vivir es actuar, es luchar y es lograr lo que se sueña.

Mucha gente piensa que en la escuela los que más aprenden son los alumnos, cuando la verdad es que los que más aprenden son los maestros, pues uno aprende enseñando a alguien, por ello si quieres aprender enseña.

Mucha gente gasta mucho dinero en ropa, peinados extravagantes, maquillaje excesivo o muy brilloso, en dietas muy difíciles de seguir y no se dan cuenta que lo que más luce de una persona es su sonrisa.

Todos tenemos una historia, la cual vamos formando y haciendo con el paso del tiempo, pero muchos nos dedicamos a repetir la historia que ya hemos creado en vez de continuarla, pues caemos siempre en los mismos errores, hacemos siempre las mismas decisiones y año con año siempre es la misma historia, pues nunca probamos nada nuevo y no nos damos cuenta de que no estamos continuando con nuestra vida, sino la estamos repitiendo, pues siempre hacemos lo mismo en Navidad, en los cumpleaños, en las fiestas, en los días laborales y en vez de que sea cada día único los días se vuelven como una copia y parece como si en vez de cambiar de página regresáramos a la página pasada de nuestra propia historia.

Lo peor que uno puede hacerse es empezar a desconfiar de nuestra capacidad de hacer nuestros sueños.

A veces nos llegamos a sentir solos y sin esperanzas y no sabemos ni que hacer para salir adelante, yo te invito a que cuando estés así te pongas a escribir, te pongas a escribir primero porque estas así, luego la solución que tú crees que sería la mejor para tu problema y después de escribir esto te pongas a actuar, te pongas a hacer esta solución que dijiste.

Lo primero que necesitas para cambiar tu manera de ser, es conocerte a fondo, saber quién eres y saber cuáles son tus defectos y tus virtudes, porque así podrás saber qué es lo que necesitas cambiar, y que es lo que vas a seguir haciendo bien en tu vida.

Muchas personas sienten que nadie las quiero, ni las ama y no se dan cuenta de que con que ellas se amaran ya son demasiado amadas, pues si ellas se aman a sí mismas seria como si un mundo las amara, pues recuerda que cada persona es un mundo diferente.

Bueno ahora les voy a contar una historia de una persona que se llama Oskar Schindler y de cómo con tanta valentía ayudo a miles de judíos del holocausto en la segunda guerra mundial:

Oskar Schindler nació en Svitavy en 1908, el siendo un industrial hombre de negocios se convirtió en un héroe, pues él tenía una compañía y aunque sabía que lo podían matar por ayudar a los judíos, él se dedicó a darles trabajo a más de miles judíos y así darles un futuro de vida, Oskar Schindler salvo a muchas personas de ir al holocausto y cuando se acabó la segunda guerra mundial en las libero del trabajo que les había dado y años después murió, pero este personaje salvo a muchos e hizo que mucha gente siguiera con sus sueños y no se diera por vencida después de la guerra.

Este hombre nos enseña a tener valentía, nos enseña a luchar por nuestros sueños, nos enseña que vale la pena morir si uno puede salvar la vida de muchas personas.

Muchas veces conocemos personas que han hecho cosas malas en su vida, o sobre todo personas que viven en la calle o que no han logrado nada en su vida, y por ello creemos que no valen la pena, pero no nos hemos dado cuenta de que para que veamos lo verdaderamente honorable que es esa persona y para que la entendamos, no nos tenemos que fijar en lo que hecho en su vida, ni mucho menos en lo que ha logrado en ella, sino tenemos que fijarnos en lo que esa persona aspira a ser, pues solo sabiendo las aspiraciones de esa personas podremos realmente entender que es lo que piensa y que es lo que quiere.

No tienes que entender el amor que sientes por alguien, porque el amor que tu sientes está adentro de ti y solo por ello no lo tienes que comprender, sino lo tienes que sentir y lo tienes que encender cada vez que se esté apagando esa vela de amor.

Muchas personas creen que cuando llegan a una determinada edad ya logran comprender quienes son y quien quiere llegar a ser, pero la verdad es que uno nunca logra comprender la persona que es uno, y esa es la aventura de la vida.

Muchas personas experimentamos sentimientos de "amor" hacia algunas personas los cuales hacen que nos obsesionemos con estas personas y de repente un día ya no sentimos estos sentimientos, pero nos quedamos recordando todo lo que sentimos, por ello yo te invito a que cuando hayas sentido algo así salgas adelante y la mejor manera de salir adelante es ponernos pensar porque ya no necesitamos sentir esto que antes sentíamos.

Una de la peores ideas que se mete la gente en la cabeza es que cuando están en momentos difíciles o están viviendo momentos difíciles creen que estos momentos solo les pasa a ellos, creen que son los únicos enfermos, los únicos pobres, los únicos con capacidades diferentes, etc., y se empiezan a preguntar la razón por la cual les paso esto y sufren, pero no se dan cuenta de que hay miles de personas viviendo como ellos e incluso en situaciones peores, y que todas estas personas también están sufriendo como ellos, pero pienso que lo importante es que todos hemos vivido momentos difíciles y depende de cada quien decidir salir adelante o permanecer sufriendo sin ninguno cambio ni nada.

Una de las preguntas más frecuentes que se hace la persona humana es:¿Quién soy yo?, y creen que son quien deberían ser, quieren ser lo que los demás quieren que sean y a veces creen que son la persona que fueron antes, pero la verdad es que uno es quien es.

Si estas teniendo un momento demasiado bueno o favorable en tu vida quiere decir que tú te lo has merecido, porque ninguno momento bueno en la vida es gratis, ninguna meta ganada es gratis, sino que todo lo bueno tiene un precio y puede ser grande o pequeño dependiendo del momento que has ganado, pero si estás pasando por un momento o una situación difícil en tu vida no quiere decir que te lo has merecido tal vez quiere decir que Dios tiene grandes planes para ti en tu vida y por ello te lo manda.

La persona que triunfa de manera exitosa no es la que consigue el mejor puesto, ni la que obtiene mucho dinero ni la que obtiene fama sino es la que actuando como él/ella es, consigue sus sueños.

Nunca trates de buscar a un amigo perfecto porque no hay amigos perfectos, pero si busca a un amigo que es aquel que te apoya cuando te sientes mal y te anima a seguir adelante.

A continuación les voy a contar un cuento que se llama el sabio:

Un gran sabio, una mañana llego a la ciudad de Akbar. A la gente de la ciudad no le importo mucho su presencia en la ciudad y las enseñanzas de aquel sabio no le interesaban a la gente de la ciudad.

Incluso después de un rato de permanecer en el pueblo el sabio llego a ser motivo de risas y burlas, puesto que la gente veía lo sabio que era y le tenían tanta envidia que se burlaban de él.

Un día, mientras paseaba por una de las calles de Akbar un grupo de personas de la ciudad (mujeres y hombres) empezaron a insultaron. El sabio en vez de fingir que los ignoraba el sabio se acercó a aquellas personas y las bendijo con palabras bellísimas, incluso les dijo que los quería mucho.

Entonces uno de los hombres del grupo comento: ¿Es posible que, además de todo, usted sea sordo? ¡Le hemos gritado e insultado con palabras horribles y lo hemos hasta maldecido y usted nos contesta con bellas palabras diciéndonos que nos quiere y con hermosas bendiciones!

Al ir esto el sabio respondió: "Cada uno de nosotros solo puede decir u ofrecer a los demás lo que tiene".

Este cuento nos enseña que las personas solo nos pueden decir o dar lo que tienen y con ello vuelvo a decirte que si no te amas no puedes ofrecer amor por qué no lo tienes, sino eres feliz no puedes dar alegría a las personas porque uno no puede dar lo que no tiene.

Una persona de verdad muy fuerte y madura es la que ve las decepciones como algo que es mejor que haya sido así y es verdad las decepciones también son buenas para nuestra vida porque ellas la enriquecen y de ellas también aprendemos mucho, por eso si llegas a tener una decepción piensa que fue lo mejor que te pudo haber pasado respecto a esa persona o ese tema, o esa decisión o esa situación y sigue con tu vida, siendo feliz de lo que te paso.

Muchas personas quieren ser dueñas de una empresa o de una gran compañía pero ninguna quiere ser dueña de su propia compañía, ósea nadie quiere ser dueño de uno mismo.

Muchos creemos que estar solteros significa estar solo pero la verdad es que estar solteros no significa eso sino es estar en un estado en el cual tu eres completamente libre y puedes decidir lo que sea y tomar decisiones tu solito, estar soltero es no tener un compromiso con otra persona pero no por ello estas solo en la vida, pues pienso que la persona que de verdad está sola es la que no tiene amigos.

Muchos de nosotros nos hemos llegado a sentir mu agotada y muy estresada por el trabajo, las deudas a pagar, la familia, etc., por ello te aconsejo que cuando te sientas así, te relajes y una manera de relajarse y de quitarse el estrés es quitar por lo menos un día los aparatos electrónicos y conviviendo con la naturaleza. Los beneficios al hacer este ejercicio también son que puedes mejorar tu mentalidad más fácilmente al realizar esto, otro beneficio es que te mejora tu actitud ante la vida, por ello despéjate un día pues está comprobado que el uso excesivo de los aparatos electrónicos hace que uno se estrese demasiado y también hace que mucha gente cambie su mentalidad y su actitud de positiva a negativa.

Muchas personas nos dedicamos a que las cosas que hacemos nos queden perfectas y si nos llegan a salir con tan solo un minúsculo error o con deformidades nos empezamos a enojar y la volvemos a hacer hasta que quede perfecta, pero no nos damos cuenta de que las pinturas con más éxito en el mundo son las que son imperfectas, son las que tienen figuras con bordes irregulares, y la razón por la que son tan exitosas y tan aclamadas es porque son únicas y llaman la atención de las personas por que son únicas, por ello vengo a decirte que no te estreses hasta que las cosas te salgan perfectas, claro que con esto no quiero decir que las vayas a hacer mal, sino quiero decir que si tienen un pequeño error acéptalas y ya, y también vengo a recordarte que las personas verdaderamente únicas son las que no son perfectas pues recuerda que la imperfección hace a las personas únicas e irrepetibles, pero te tengo una buena noticia ninguna persona es perfecta y esto quiere decir que todas las personas son únicas, en conclusión tu eres único/a en el mundo y por ello llamas la atención, vales mucho y mucha gente te ama.

Hay personas que se sienten solas y creen que lo están porque nadie los quiere y por qué creen que no valen la pena y por ello nadie está con ellos/as, pero no se dan cuenta de que se sienten solo porque ellos quieren sentirse solos y están solos porque ellos han elegido estar solos, esto quiere decir que cualquier persona puede valer la pena si cree que vale la pena y si elige valer la pena.

Pienso que es hermoso que las personas nos pidan favores o cosas, pero pienso que una de las peores cosas que te puede hacer un amigo es el impedirte hacer algo que tú quieres hacer.

Un consejo que te puedo decir es que no te pases tu vida soñando todo el tiempo, no vivas soñado sino vive lo que tanto sueñas.

Ahora vamos a hacer un ejercicio llamado: "Yo en 5 años". Bueno lo primero que vas a hacer es esto, vas a escribir en una hoja blanca tu nombre, tu edad, luego vas escribir tus cualidades y defectos de hoy en día, luego vas a escribir los logros que has tenido hasta el día de hoy, luego vas escribir la edad que vas a tener en 5 años, luego vas a escribir las cualidades que deseas tener en 5 años, y por último vas a escribir los sueños que desearías ya haber logrado en 5 años. Ahora después de escribir todo esto en la hoja quiero que te pongas a reflexionar sobre lo que has escrito y pienses una manera de lograr todo lo que quieres lograr, también quiero que antes de lograr todo esto tengas confianza en ti mismo/a y quiero que sepas que tienes 5 años para lograrlo por ello quiero que te tomes tu tiempo para lograrlo.

Ahora quiero que te preguntes lo siguiente; ¿ Qué pasa cuando uno se preocupa por los problemas que debe o puede llegar a enfrentar el día de mañana, en una semana, en un mes, en un año?, de seguro contestaste que te estresas y te agobias mucho, pero yo pienso que te faltó algo, y lo que tuviste que decir es que no vives en el presente, por lo tanto no arreglas los problemas y las cosas del presente, de este momento y por ello te cuesta trabajo arreglar cualquier problema de tu vida cotidiana. Por lo tanto los problemas que vayas teniendo en tu vida hazlos cuando los tengas, hazlos en el momento y no te preocupes por los problemas del futuro porque si no vas a poder resolver los del presente, y sino resuelves los problemas que tienes en el presente tampoco podrás resolver los del futuro, porque además siempre estarás preocupado por los problemas que se avecinan, en vez de resolver los que tienes ahora y así siempre te quedaras sin resolver nada de tu vida.

A continuación le voy a dar unos consejos para que mejore su autoestima, primero quiero que veas todas las características positivas que tienes y no veas las malas, segundo quiero que aceptes que tienes características negativas y quiero que te des cuenta de que no tiene nada de malo tener aspectos negativos, pues todas las personas tenemos aspectos negativos, tercero quiero que dejes de buscar de manera obsesiva la aprobación de los demás y que en vez de esto tú te empieces a aprobar, cuarto quiero que te trates de una manera cariñosa y amorosa, cinco quiero que cuides tu cuerpo y tu espíritu, pues la gente que no se cuida es la que tiende a tener muy bajo le autoestima, seis empieza a hacer ejercicio pues el ejercicio te hará sentir mejor y mejorara tu manera de ver la vida y de verte a ti misma, siete quiere que te empieces a llenar de puros pensamientos positivos y que elimines los malos, octavo quiero que te propongas cambiar todo lo que no te gusta de ti y mejorar todo lo que te gusta de ti y noveno quiero que te aceptes tal y como eres, que te trates bien, que te cuides y que te quieras superar. Muchos creemos que para tener confianza en nosotros mismos necesitamos llegar a la cima, necesitamos ser los números uno en lo que hacemos, pero no se dan cuenta de que es muy difícil tener confianza cuando uno está en la cima, por ello yo te invito a que ahorita antes de llegar a la cima y antes de ser el ganador te tengas demasiada confianza y así cuando llegues a estar en la cima podrás tener mucha confianza, y tendrás tanta que será muy difícil que salgas de la cima, porque además de que es difícil empezar a tener confianza cuando uno ya está en la cima es muy difícil mantenerse en la cima por la falta de confianza en sí mismo.

Ahora les voy a narrar un cuento que se llama: "Gracias papá".

Un día como cualquiera, un padre de una familia adinerada llevó a su hijo a un viaje por el campo con el firme propósito que su hijo viera cuan pobre era la gente que vive en el campo.

Estuvieron pasando todo el día y la noche en una granja de una familia campesina muy humilde.

Al concluir el viaje, ya de regreso a casa, el padre le pregunta a su hijo:

Padre: ¿Qué te pareció el viaje?

Hijo: Muy bonito, papa

Padre: ¿Viste lo pobre que puede ser la gente?

Hijo: Si

Padre: ¿Y qué aprendiste?

Hijo: Vi que nosotros tenemos un perro en casa, ellos tienen siete. Nosotros tenemos una piscina larga hasta a la mitad del jardín, ellos tienen un largo lago que no tiene fin alguno. Nosotros tenemos lámparas importadas en el patio, ellos tienen todas las estrellas existentes. Nuestro patio llega hasta la muralla de la casa, el de ellos tiene todo un horizonte. Ellos tienen tiempo para conversar y convivir en familia, tú y mi mamá tienen que trabajar todo el día y casi nunca los veo.

Al terminar el relato, el padre se quedó mudo, y su hijo agregó:

¡¡¡Gracias papá, por enseñarme lo ricos que podemos llegar a ser!!!

Este cuento nos enseña que muchas veces no nos damos cuenta de que los verdaderos ricos son los que tienen menos cosas materiales como nos enseñó Jesús que entre menos cosas tengamos es más fácil que vayamos al cielo a la hora de nuestra muerte.

La esperanza hace que hasta la persona que está perdida en el mar siga adelante aunque no haya visto ninguna tierra en meses.

Es más importante aplicar lo que ya sabemos que solo aprender más sin darle alguna aplicación.

Es muy común que no nos guste todo lo de nuestra vida, por ello te vengo a invitar a que de ahora en adelante disfrutes todo lo que si te gusta y no le pongas atención a lo que no, porque créeme que no sirve de nada ponerle atención a algo que no nos gusta, pero eso si aunque no te gusten esas cosas, estas están en tu vida y tienes que aceptarlas, pero vuelvo a decirlo acéptalas pero sin ponerles mucha atención, pues aceptar lo que no nos gusta de nuestra vida es aceptar nuestra vida y aceptar la persona que no somos, pero aceptar no es querer sino es no ponerle mucha atención sin tener que amar eso, ni odiar eso.

Muchos creemos que al dejar la escuela dejamos de aprender cosas, pero la verdad es que antes y después de la escuela aprendemos cosas, pues no necesitamos estar en ella para aprender cosas, pues nuestra vida será la mejor escuela en la que podamos estar, pues muchos creemos que lo importante es aprender en una buena escuela pero la verdad es que lo importante es aprender sobre la vida, pues aprender de una buena escuela te llevara a tener una vida decente, pero aprender de la propia vida te llevara a que logres tus sueños, tus metas y a que tengas la vida que siempre deseaste.

Quiero invitarte a que hagas todas las cosas que te dan miedo hacer, pues créeme que si haces cosas que te den miedo hacer mejores tu perspectiva de la vida y amplias tu capacidad espiritual, así que ahora dedícate a hacer todo lo que te de miedo.

A continuación voy a dar te algunos pasos para que te vuelvas alguien exitoso en la vida, primero quiero que tengas la mejor mentalidad que puedas tener pues recuerda que si piensas que puedes tu puedes, segundo quiero que decidas cuáles son tus sueños y deseos que tienes, tercero y uno de los más importantes quiero que creas en ti, cuarto quiero que actúes porque si no actúas no sirven de nada los otros tres pasos, y quinto nunca dejes de aprender aunque creo que esto es difícil de no cumplir pues recuerda que cada día aprendemos nuevas cosas.

El mayor beneficio que puedes obtener de hacer algo es el hacerlo con el corazón, es el hacerlo bien, es hacerlo porque te gusta hacerlo

y no lo haces para ganar nada de ellos.

Si tienes toda la voluntad y todas las ganas adentro de ti, no importa si lo demás creen que no puedes hacer tus sueños o tus deseos pues recuerda que mientras tú quieras hacerlo tú podrás hacerlo.

Recuerda nunca sentirte vencido aunque estés vencido, recuerda nunca sentirte sin valor alguno aunque los demás te lo digan que lo es, recuerda nunca sentirte lo que los demás te digan que eres cuando no lo eres.

A todos nos ha pasado que queremos lograr algo pero no lo logramos, y entonces creemos que no lo logramos porque no podemos, pero no nos damos cuenta de que todo lo podemos logar si estamos completamente motivados para hacerlo. Pero cómo sabremos si estamos motivados, bueno la motivación la encontramos con cuatro palabras mágicas, que son la confianza en uno mismo, el coraje, la constancia y la curiosidad, lo que quiere decir que si yo tengo confianza en mí misma, tengo curiosidad, tengo el coraje para hacerlo y soy constante en lo que quiero hacer, lo podre lograr, sin importar lo difícil o imposible que sea lo que quiero hacer, pues recuerda que nada es imposible.

No te preocupes por tu reputación, pero preocúpate por tu carácter y tu actitud, pues tu carácter es lo que realmente eres, pero tu

reputación es lo que otros creen que eres, pero no es lo que realmente eres, por ello cuida tu carácter antes que tu reputación, pero si tanto te preocupa te reputación, primero preocúpate por tu carácter, porque tu carácter es lo que más afecta tu reputación.

La persona que nunca se equivoca es la que nunca se arriesga a lograr lo que desea y si no se arriesga nunca lo lograra.

Muchas personas tenemos un sueño, una meta y creemos que nunca la conseguiremos, pero si trabajamos día a día lo lograremos, pues recuerda que cada día que pasa estas más cerca del sueño anhelado.

Ahora te voy a dar unos consejos para mantener la memoria porque pienso que mantener la memoria es un punto clave para que logres tus sueños y para que seas feliz, uno de ellos es que te vistas con los ojos cerrados, otro es que veas fotos o leas al revés, otro es que cambies tu rutina diaria un poquito, otro es que uses diferentes caminos para ir al trabajo, otro es que dediques un ratito a leer un libro a diario, otro es que escribas con la mano contraria, etc. Recuerda que las relaciones que tienes son de dar y recibir.

A continuación te voy a narrar un cuento, que dice así: Había una vez una persona llamada_____ que tenía_____ años que vivía en_____ y esta persona vivía_____, esta persona tenía un sueño que era_____, entonces ella decidió...

Bueno a lo largo de este libro te he dado consejos propios de experiencias propias y consejos de antiguos y no tan antiguos sabios en el cual te he enseñado que todo lo que nos pasa depende de la actitud que tomemos ante la vida, también te enseñe que el amor es lo más importante que hay, te dije que la gente es valiosa por ser como es y que la gente es bella siendo imperfecta, también te dije que la vida la tenemos una vez y que por ello hay que valorarla y que el mundo es un espejo de nosotros mismo, y te dije muchísimas cosas más, pero lo más importante antes y después de que leyeras el libro ha sido que tu tengas una buena actitud ante la vida. Yo ya escribí este libro pero al igual que a ti me falta el libro más pesado y más hermoso que podría haber en el mundo que es el libro de tu propia vida, por ello yo te invito no a que sigas los consejos que te escribí en el libro, sino quiero que uses los consejos del libro que te ayuden a lograr tu sueño de vida y que solo sigas los que tú quieras seguir, pero lo más importante quiero que sigas tus propios sueños y que nunca te importe si a la gente le gusta lo que haces o lo que no, pues recuerda que cada cabeza es un mundo diferente, y para finalizar solo quiero agradecerte por leer el libro y te deseo suerte en la aventura que estas, que es la vida, bueno pues ahora es tu momento de brillar, así que a trabajar se ha dicho.

AGRADECIMIENTOS

Quiero agradecerle a Dios por haberme enseñado todo lo que escribí en este libro, pues estas enseñanzas cambiaron mi vida, también quiero agradecerle a mi abuelita porque ella me enseño que ayudar a los demás es lo más importante de la vida, también le agradezco a mi tía porque ella me enseño muchas cosas con su ejemplo sobre la vida, le agradezco a mis amigos Hugo, Mara, July, Esti, Andy, Vero, Dany y Ana pau que siempre me apoyaron y me enseñaron muchas cosas sobre la vida, pues a ellos les debo muchas experiencias de aprendizaje, también le agradezco a mi hermana Dany que siempre haya sido conmigo tal y como es, pues creo que me hizo un gran bien y me enseño muchas cosas, también quiero agradecerle a mi papá que siempre lucho por darme una buena eduacion a mí y a mi hermana de la cual estoy muy agradecida y sé que hoy en día sigue invirtiendo en mi educación, le agradezco a mi mamá su amor, ejemplo, compañía y apoyo, pues creo que de todas las personas que conozco y amo ella fue la que más me apoyo en el libro y no solo en eso ella siempre me ha apoyado en cualquier cosa y me enseño que puedo lograr cualquier cosa que yo misma me proponga.